KB117382

당신의 유튜브를 컨설팅해드립니다

▶ 일러두기

본문 중 신조어나 외래어, 고유명사의 단어는 통용되는 표기로 표기하였습니다.

탐탐
02

교양관

당신의 유튜브를 컨설팅해드립니다

유튜브 완벽 솔루션
초보 크리에이터를 위한

유튜브랩
(강민형)
지음

YOUTUBE

21세기북스

유튜브를 시작하는 예비 크리에이터들에게

우리 모두에게는 유튜브의 매력에 빠지게 된 저마다의 '처음'이 있다. 지인에게서 재미있는 영상을 공유받았을 때, 귀여운 우리 아이의 영상을 저장할 곳을 찾아다닐 때, 좋아하는 연예인의 영상이 보고 싶었을 때, 유용한 강의를 무료로 듣고 싶었을 때… 일상적이지만 유튜브가 꼭 필요했던 순간들 말이다. 저마다의 이유로 시작한 유튜브는, 이젠 우리의 일상에 너무나 깊이 파고들었다. 유튜브 없이는 하루도 살 수 없다는 호소도 나오고 있으니, 단순한 유행을 넘어 '유튜브 시대'란 말이 과언이 아니다.

팬데믹 이후, 유튜버가 신종 직업 혹은 부업으로 더욱 뜨겁게 주목받으며 "유튜브나 시작해볼까?" 하는 사람들이 늘고 있다. '금주, 퇴사, 다이어트'와 함께 "유튜브 할 거야."라는 말이 직장인 4대 허언으로 급부상한 지도 오래다. 억대 수입을 공개하는 유튜버들의 영상에 시청자들은 '유튜브 부자'를 꿈꾸기도 한다. 하지만 과연 그냥 영상을 찍어서 올리기만 하면 될까? 당연히 아니다. 물론 운 좋게 반짝 대박 영상을 만들 수 있지만, 지속적인 채널 운영에는 많은 노력이 필요하다. 그러니 누구나 도전할 수 있지만, 아무나 성공할 수는 없는 유튜브의 세계에 발을 들여놓기 전에 진짜 유튜브 시작할 준비가 되었는지를 점검해보아야 한다.

보통 유튜브 시작의 점검이라 하면, 영상의 소재를 정하고 촬영 장비나 편집 프로그램을 다룰 수 있는지를 확인한다. 하지만 새로운 콘텐츠를 만들어내는 작업을 위해서는 '유튜버적 관점'이 먼저 필요하다. 내 채널의 주된 콘텐츠 장르는 무엇인지, 나는 왜 이 장르를 선택했는지, 이 장르를 좋아하는 사람들은 누구인지, 그들이 주로 시청하는 공간은 어떠한지, 그들이 콘텐츠를 보는 자세는 어떠한지, 내 콘텐츠의 차별점은 무엇인지, 영상의 분위기는 한마디로 설명이 가능한지, 인기 있는 콘텐츠의 매력 포인트는 무엇인지 등 구체적이고 디테일한 질문들에 답할 준비가 되어 있을 때, 비로소 성공한 크리에이터로 한발 가까워질 수 있다.

이제 막 유튜버를 시작하는 모두가 하는 질문이 있다. "어떻게 하면 조회수를 높일 수 있을까?" 유튜브 조회수를 높이고 싶다면, 구독자 수를 늘리고 싶다면, 특별한 비법을 찾기 전에 유튜브에 대해서 제대로 살펴보아야 한다. 크리에이터와 시청자, 광고주 간의 관계, 수익 플랫폼으로서 유튜브를 이해하게 되면 수치를 높이기 위해 해야 할 단계들이 눈앞에 그려질 것이다.

이제는 단순히 '시청'하는 것을 넘어 유튜브를 '시작'해야 할 때다. 유튜브에 빠져든 처음을 돌아보며, 또 우리의 일상 속에 자리한 유튜브와 유튜브 콘텐츠, 관련 이슈들을 짚어보며 우리 안의 유튜브 능력치를 한껏 끌어올려야 할 때이다. 이 책을 통해 빠르게 변화하며 방대한 콘텐츠를 쏟아내는 유튜브 세상에서 살아가기 위해 유튜브를 어떻게 활용해야 하는지, 어떤 삶의 자세를 견지해야 하는지, 어떤 능력을 키워야 하는지 확인해보기를 바란다.

Youtube Lab

Contents

Inside

유튜브 세상 속에 빠지다

How to

유튜브 시대, 크리에이터 성장 솔루션

CHANNEL #1
점검
당신은 유튜브를 '진짜' 알고 있을까?

CHANNEL #2
기획

유튜브는 콘텐츠 기획이 전부다

CHANNEL #3
운영

채널 성장 전략은 유튜브 분석이다

Contents

CHANNEL #4

대비

변화하는 플랫폼에 어떻게 대비해야 할까?

Outside

유튜버를 위한 유튜버

유튜브
세상 속에 빠지다

전 세계 사람들의 라이프 스타일을 바꾼 유튜브.
유튜브를 잘 활용하기 위해서는 유튜브라는 플랫폼을 이해하는 것이 우선이다.
매일 접속하는 유튜브에 대해 얼마나 잘 알고 있는지 점검해보자.

나는 유튜브를 시작할 준비가 되었을까?

유튜브를 보며 크리에이터가 된 자신의 모습을 떠올려본 적 있는가?
과연 나는 유튜브를 얼마나 알고 있는지, 크리에이터로서의 기본 지식은
어느 정도 갖추고 있는지 빙고를 통해 확인해보자.

나는 유튜브 계정이 있다	하루에 유튜브 영상을 2시간 이상 본다	아동용 콘텐츠의 의미를 알고 있다	영상에 '좋아요'를 어떻게 누르는지 알고 있다	유튜브 영상을 다른 이에게 공유한 적이 있다
알림이 울리면 놓치지 않고 보는 채널이 3개 이상이다	유튜브 채널의 수익 창출 조건을 알고 있다	구독하고 있는 채널이 12개 이상이다	유튜브 콘텐츠 장르를 5개 이상 말할 수 있다	'유튜브 카드'가 무엇인지 안다
댓글을 일주일에 5개 이상 달고 있다	유튜브 크리에이터를 다른 SNS에서도 팔로우하고 있다	지금 유튜브에서 유행하는 콘텐츠 소재가 무엇인지 안다	'MCN'을 들어본 적이 있다	저작인격권과 저작재산권을 설명할 수 있다
나만의 재생목록을 만들 수 있다	타인의 초상권을 존중하기 위한 방법을 두 가지 이상 알고 있다	유튜브 크리에이터를 진지하게 생각해 본 적이 있다	유튜버들의 콘텐츠 제작 과정을 말할 수 있다	유튜브 콘텐츠 제작을 위해 장비를 구입한 적이 있다
'유튜브 리터러시'를 들어본 적이 있다	유튜브 필터 검색을 할 수 있다	구독자 100만이 넘는 유튜브 크리에이터를 5명 이상 알고 있다	유튜브에 영상을 업로드 한 적이 있다	유튜브에서 유료 광고 표시를 하는 방법을 알고 있다

0줄

믿기 어렵겠지만 당신은 아직 **유튜브 문외한!** 유튜브를 사용하기는 하지만 잘 활용하고 있다고 보기는 어렵다. 하지만 걱정은 하지 말자. 이 책을 읽기 시작한 지금, 당신은 유튜브를 누구보다 잘 활용할 수 있는 준비를 마친 셈이다.

1줄

유튜브에 대한 관심이 왕성한 당신은 **유튜브 구독자!** "오늘은 어떤 영상이 올라왔을까?" 생각만으로도 즐거워지고, 최근에는 크리에이터를 시작해볼까 고민하는 단계일 확률이 높다. 이 책을 통해 자신 안의 크리에이터의 가능성을 키워보자.

2줄

당신은 이제 막 유튜브 공부를 시작한 **유튜브 초심자!** 채널을 운영해보고 싶지만, 시작이 막막해 헤매고 있을 확률이 높다. 이 책을 통해 크리에이터를 시작하기 위해 필요한 능력이 무엇인지 확인해보자.

3줄

내 채널 이름을 정하고, 영상 촬영과 편집을 해본 경험이 있는 당신은 **유튜브 경험자!** 어떻게 하면 유튜브를 좀 더 잘 할 수 있을지 고민하는 노력파이다. 이 책을 통해서 진정한 크리에이터로 한 단계 성장해보자.

4~5줄

당신은 진정한 **유튜브 능력자!** 유튜브 본사의 발표에 귀를 기울이고, 다른 크리에이터의 성공 노하우를 얻기 위해 강연도 찾아다니지 않는가? 이 책을 통해 조금만 더 내공을 쌓아 유튜브 전문가 못지않은 훌륭한 크리에이터로 한 단계 발전해보자.

통계로 읽는 유튜브

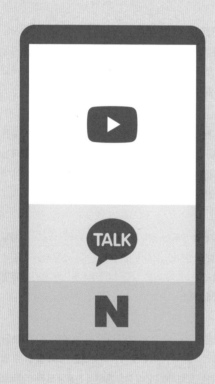

1위
유튜브 622억 분

2위
카카오톡 265억 분

3위
네이버 190억 분

한국인이 가장 많이 이용하는 애플리케이션
(2020년 11월 기준)

2018년 8월에 333억 분, 2019년 8월에 460억 분, 그리고 2020년 11월엔 622억 분으로 해가 갈수록 한국인의 유튜브 사용량은 대폭 늘고 있다.[1] 코로나19로 인해 집에서 머무는 시간이 길어져 유튜브 이용 시간도 함께 늘었다고는 하지만, 이때까지의 이용 시간 증가 추이로 볼 때 코로나19가 아니더라도 유튜브 이용 시간은 늘었을 것으로 보는 게 자연스럽다.

연령별 유튜브 이용 시간

(2019년 기준)

10s. → 117억분

20s. → 98억분

30s. → 68억분

40s. → 62억분

50s. + → 122억분

한국 유튜브 채널 개수

(2020년 기준)

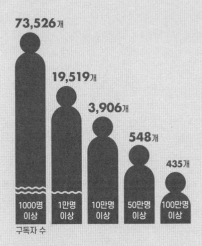

73,526개 — 1000명 이상
19,519개 — 1만명 이상
3,906개 — 10만명 이상
548개 — 50만명 이상
435개 — 100만명 이상

구독자 수

1020 세대의 전유물처럼 느껴지는 유튜브가 실은 장년층이 가장 사랑하는 애플리케이션이라는 사실.[2] 50대 이상의 이용 시간이 길다는 점을 눈여겨볼 필요가 있다. 50대의 57.5%가 유튜브로 음악을 듣는다는 조사 결과를 보면 이들의 긴 이용 시간이 설명된다.[3]

광고를 진행할 수 있는 채널을 기준으로 미국이 49만 6,328개, 인도가 37만 9,899개, 브라질이 23만 6,839개, 인도네시아가 19만 2,965개, 일본이 15만 4,599개인 것과 비교하면 적은 수처럼 보인다. 다만 유튜브가 활성화된 시기나 인구 대비 사용자 수를 감안하면 마냥 적다고 볼 수 없다.[4]

유튜브 속 한류 성장세

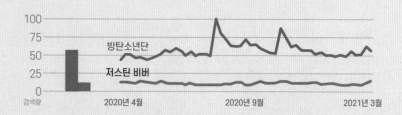

저스틴 비버보다 많이 검색하는 방탄소년단

방탄소년단과 저스틴 비버Justin Bieber를 검색해보았을 때 나타나는 관심도다. 구글 트렌드는 검색 빈도에 따라 100점을 만점으로 '관심도'를 매기는데, 지난 1년 동안 방탄소년단에 대한 관심이 얼마나 높았는지 한눈에 볼 수 있다. 방탄소년단 공식 채널의 구독자가 4,680만 명인 데 반해 저스틴 비버 공식 채널의 구독자가 6,200만 명인 것을 보면 구독자 수는 적더라도 방탄소년단과 나아가 한류에 보이는 관심을 가늠할 수 있다.

블랙핑크
6,210만
—
아리아나 그란데
4,850만
—
에드 시런
4,770만

(2021년 6월 기준)

아리아나 그란데보다 구독자가 많은 블랙핑크

우리나라 걸그룹 블랙핑크의 구독자 수는 세계적인 팝 가수인 아리아나 그란데Ariana Grande나 에드 시런Ed Sheeran보다 높다. 이를 통해 전 세계인들이 유튜브를 한국 문화를 접하는 통로로 사용하고 있음을 알 수 있다. 한국 아티스트들이 사랑받는 만큼 한국의 뷰티 산업과 문화를 따라하거나 리뷰하는 콘텐츠도 각광받고 있다.

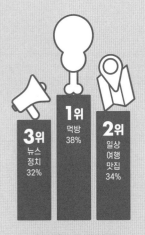

MUKBANG의 나라
(2019년 기준)

3위 뉴스 정치 32%

1위 먹방 38%

2위 일상 여행 맛집 34%

크리에이터 월 평균 소득

주업인 경우 **536**만 원

부업인 경우 **333**만 원

취미인 경우 **114**만 원

한국인이 가장 많이 시청하는 온라인 동영상 유형 중 1위는 먹방이다. 영상 업로드를 잠시 쉬었다가 다시 복귀한 인기 먹방 유튜버 쯔양이 2주 만에 3억 원으로 추정되는 수익을 기록한 것으로 먹방의 인기를 실감할 수 있다.[5] 2016년 CNN이 먹방을 'Mukbang'으로 보도하며 한국은 명실상부 먹방의 종주국이 되었다. 유명 먹방 유튜버들의 영상 아래 다양한 외국어로 쓰인 댓글을 보면 해외 팬들의 관심을 짐작할 수 있다. 먹방에 대한 해외 구독자들의 열렬한 지지에 힘입어 100만 구독자 수를 돌파한 먹방 유튜버도 있다. 이렇게 날이 갈수록 치솟는 먹방의 인기는 한식 홍보까지 이어지고 있다.

2018년 10월부터 11월까지, 한 달에 걸쳐 한국MCN협회에 등록된 크리에이터 250명을 추출해 조사한 결과, 유튜브 크리에이터를 주업으로 삼아 활동하는 채널의 경우 월 평균 소득은 536만 원.[6] 하지만 이는 거칠게 잡아낸 평균치고, 크리에이터 사이 소득 편차는 매우 심하다. 유튜브 크리에이터의 소득은 구독자 수나 조회수와 정비례하지 않기 때문에 벌어지는 일이다.

유튜브 용어 사전

유튜브 기능 용어

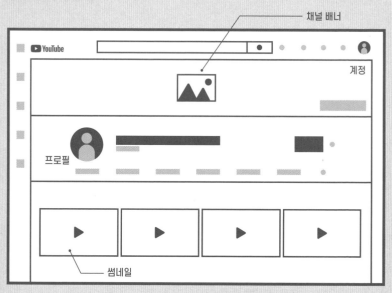

채널 배너	유튜브 채널 페이지의 맨 위에 표시되는 배경 이미지다. '채널 아트'라고도 부른다. 채널에 대한 정보와 전반적인 분위기를 알 수 있는 공간이다.
썸네일	정확한 표현으로는 '동영상 미리 보기 이미지'다. 유튜브에서 시청자가 어떤 영상을 볼지 탐색할 때 바로 보이는 이미지다. 영상 속 한 장면을 따거나 영상 내용을 요약해 만들 수도 있고, 자동으로 생성되는 미리 보기 이미지를 선택할 수도 있다.

프로필	동영상, 댓글, 채널에 표시되는 이미지로 채널의 정체성을 나타내는 중요한 이미지다. 예전에는 '채널 아이콘'이라고도 불렀다.
계정	계정은 개인 계정과 브랜드 계정 두 종류로 나뉜다. 개인 계정은 구글 계정과 비밀번호로 접근하는 계정으로, 일반적으로 시청자들은 대개 개인 계정으로 유튜브 영상을 시청한다. 브랜드 계정은 관리자를 지정할 수 있는 계정으로, 구글 계정이 없어도 채널에 접근이 가능하다. 팀으로 운영되는 채널, 기업이나 기관의 채널이 대부분 브랜드 계정이다.
노란 달러	'노란 딱지'라고도 불리는 이 아이콘은 해당 영상이 유튜브 커뮤니티 가이드를 위반해 이를 통해 수익 창출을 할 수 없음을 나타낸다. 통상 '노란 딱지가 붙었다'고 한다.
댓글 고정	크리에이터가 댓글 중 하나를 댓글 창 맨 위에 고정하는 기능이다. 크리에이터가 직접 댓글을 달아 공지처럼 사용하거나 시청자가 어떤 댓글을 다른 시청자에게 공유하고 싶은 경우에 활용한다.

유튜브에서 자주 쓰이는 용어

MCN	다중 채널 네트워크Multi Channel Networks. 1인 창작자들을 지원하고 관리하는 사업이나 기업을 뜻한다. 소속사나 에이전시의 개념보다는 함께 일을 하는 파트너십에 가깝다.
셀피노믹스	개인을 뜻하는 Self와 경제학 Economics의 합성어. 유튜브 크리에이터처럼 개인이 콘텐츠를 만들어 스스로 수익을 창출하는 사람들이나 그들의 자주적이고 독립적인 경제 활동을 의미한다.
키즈 유튜버	어린 유튜브 크리에이터로 생각하기 쉽지만 모든 키즈 유튜버가 어린이는 아니다. 주 시청자가 어린이인 유튜브 크리에이터 모두를 뜻한다. 어린이가 관심을 가질 만한 키워드를 중심으로 하는 콘텐츠나 애니메이션 등 어린이를 상대로 영상을 제작한다면 키즈 유튜버다.
아동용 콘텐츠	주 시청자가 어린이인 콘텐츠다. 그리고 주 시청자가 어린이가 아니더라도, 어린이를 대상으로 하는 배우나 캐릭터, 동요, 게임, 교육, 제품 등이 포함된다고 유튜브가 판단하면 아동용 콘텐츠로 분류된다.
저작재산권	저작재산권은 저작자가 저작물을 스스로 이용하거나 다른 사람이 이용할 수 있도록 허락함으로써 경제적 이익을 올릴 수 있는 재산권을 말한다. 복제권, 공연권, 공중송신권, 전시권, 배포권, 대여권, 2차적저작물작성권이 있다.

저작인격권	저작권은 크게 저작인격권과 저작재산권으로 나뉜다. 저작인격권은 저작자가 저작물에 대하여 가지는 인격적, 정신적 이익을 보호하는 권리다. 공표권, 성명표시권, 동일성유지권이 이에 해당한다.
노출 수	동영상 미리 보기 이미지가 노출을 통해 시청자에게 표시된 횟수다.
노출 클릭률	동영상 미리 보기 이미지가 표시된 후 시청자가 동영상을 시청한 빈도를 말한다. 보통 노출 클릭률은 2~10%로 알려져 있으며 개설한 지 일주일 미만인 채널, 신규 동영상, 조회수가 100회 미만인 동영상의 경우에는 이 범위를 벗어날 수 있다.
도달 범위	시청자가 어떤 경로로 내 동영상을 시청하게 되었는지를 확인할 수 있다.
대시보드	원래 대시보드dashboard는 자동차나 항공기 등 운전석 앞에 있는 판을 가리킨다. 기계 장치의 작동 상태를 알리거나 조종에 필요한 여러 가지 신호를 표시하는데, 유튜브에서는 유튜브 스튜디오에 들어가면 보이는 첫 화면을 대시보드라고 한다. 운영 중인 채널의 최근 활동을 대략 확인할 수 있고 유튜브의 새로운 소식을 접하는 공간이다.
메타데이터	데이터(동영상)의 데이터이다. 영상의 제목, 설명란의 설명, 태그, 해시태그, 썸네일에 입력하는 정보를 말한다. 잘못된 메타데이터를 활용할 경우 채널의 평판이 떨어지고, 시청 시간이 늘어나지 않을 수 있으며 채널 신고를 당할 수도 있다.

How to

유튜브 시대,
크리에이터 성장 솔루션

누구에게나 유튜브 크리에이터의 DNA가 있다.
하지만 모두 크리에이터가 되는 것은 아니다.
유튜브에 대해 알아야 진정한 유튜브 크리에이터로 거듭날 수 있다.
크리에이터를 꿈꾸는 이들을 위한 유튜브 컨설팅 A to Z!

당신은 유튜브를
'진짜' 알고 있을까?

당신은 어떤 유튜버인가?

Q

유튜버는 채널을 운영하며,
영상을 업로드하는 사람이다.

O | X

정답은 X.

그렇다면 정확히 유튜버는 어떤 사람들을 지칭할까? 유튜버의 사전적 의미를 찾아보면, '유튜브 웹사이트를 이용하는 사람, 특히 영상을 제작해 웹사이트에 올리는 사람'이다. 우리나라에서는 대부분 '영상을 유튜브에 올리는 사람'만 유튜버라 부른다. 그러나 넓게 보면 유튜브를 '이용'하는 모든 사람은 유튜버다.

유튜브를 이용하고 있어도, 스스로를 유튜버라고 당당하게 말하기는 어렵다. 아마도 앞서 말한 것처럼 여러 매체에서 유튜버를 영상을 만들어 올리는 사람들만 특정해 부르기 때문일 것이다. 하지만 유튜브라는 플랫폼을 제대로 이해한다면, 이제 자신을 거리낌 없이 유튜버라고 이야기할 수 있을 것이다.

먼저, 유튜브의 기능을 원활하게 사용하기 위해서는 유튜브 채널을 만들어야 한다. 댓글을 달거나 재생목록을 만들고 싶다면 꼭 필요한 단계다. 게다가 채널 개설 과정은 아주 자연스럽고 간단해서 대부분의 사람들은 유튜브 채널을 가지고 있다. 채널을 지니고 있다는 것은 곧 영상을 올릴 수 있다는 말이다. 다시 말해 영상을 올리지 않아도 기본적으로 채널을 지닌 준제작자 상태가 되어야 한다. 지금은 영상의 시청자지만, 언제든지 영상의 제작자가 될 수 있다는 의미다. "나는 앞으로도 지금처럼 그냥 영상만 볼 건데…."라고 생각해도 이미 당신은 유튜버다. 트위터 이용자를 트위터리안Twitterian이라고 하는 것처럼, 인스타그램 이용자를 인스타그래머Instagrammer라 하는 것처럼, 유튜브 이용자 또한 모두 유튜버Youtuber다. '유튜브'라는 플랫폼에 관심을 가지고 이 책을 집어들어 책장을 넘기고 있는 당신도 이미 유튜버다.

당신은 어떤 유튜버인가?
그리고 어떤 유튜버가 되고 싶은가?

영상을 올리고 채널을 적극적으로 운영하는 유튜버? 크리에이터들이 올린 콘텐츠를 소비하는 유튜버? 언젠가는 영상 업로드에 한번 도전해보려고 생각하고 있는 유튜버? 당신이 어떤 유튜버가 되고 싶든 유튜브라는 플랫폼에 대해 좀 더 면밀히 살펴봐야 한다. 생각 외로 많은 유튜버들이 유튜브에 대한 이해도가 낮은 편이다. 유튜브 플랫폼을 이해하고 있다는 것은 영상을 제작하고, 올리고, 댓글을 다는 기본적인 조작 능력만을 말하는 것이 아니다. 유튜브 시장에 대한 이해, 커뮤니티 가이드의 변화,

콘텐츠와 크리에이터를 바라보는 시청자들의 인식과 심리, 콘텐츠 트렌드, 저작권 및 광고법과 같은 관련 법 조항, 채널 브랜딩과 마케팅 영역까지. 모든 것을 아우른다. 크리에이터로 활동할 유튜버라면 이러한 항목들을 반드시 점검해야 한다. 시청자들에게 사랑받는 콘텐츠를 제작하기 위해서, 끊임없이 신선한 콘텐츠를 생산하기 위해서, 꼭 필요한 단계다. 비단 구독자 수나 조회수를 높이는 것이 능사는 아니니까.

크리에이터들이 올린 영상을 소비하는 유튜버에게도 유튜브 플랫폼에 대한 이해가 필요하다. 지금 우리를 둘러싼, 먹고 입고 보고 배우는 거의 모든 정보가 유튜브 속에 가득하다는 것은 이제 당연한 사실. 그러니 유튜브를 잘 파악하고 있으면 여러 모로 얻는 이득이 상당하다.

먼저 영상을 효율적으로 감상할 수 있다. 다양한 조작 방법을 숙지하고 있다면 콘텐츠를 빠르게도, 느리게도 볼 수 있고 자신만의 재생목록을 만들 수도, 콘텐츠만을 즐길 수도 있다. 필터를 이용해 영상의 업로드 날짜나 원하는 화질, 영상이 업로드된 위치, 이용자들의 평점에 따라 원하는 콘텐츠를 볼 수도 있다. 시청 기록을 저장하거나 혹은 저장하지 않음으로써 유튜브가 추천해주는 영상을 수동적으로 받아들이지 않고, 자신의 목적과 의도에 맞게 영상을 시청할 수도 있다. 즉, 유튜브 알고리즘에 갇히지 않고 영상의 바다 속에서 내가 필요한 콘텐츠를 주체적으로 건질 수 있게 된다.

두 번째, 유튜브에서 유행하는 콘텐츠로 지금의 문화 현상이나 트렌드의 흐름을 파악할 수 있다. 예를 들어 '같이 공부해요 Study with me' 같은 콘텐츠는 주로 크리에이터가 공부하는 모습을 실시간으로 보여주는 영상을 말한다. 구글에서 제공하는 트렌드 키워드 보고서인 씽크위드구글Think with Google의 2020년 4월 조사 결과, 사회적 거리 두기 기간 동안 같이 공부하기가 포함된 콘텐츠의 조회수는 작년 대비 54% 증가했다고 한다.[7] 기존의 교육 콘텐츠 외에 유튜브를 통한 새로운 학습 방법이 등장한 것이다. 유튜브에 이런 콘텐츠가 있다는 것을 알고 있는 사람과 그렇지 않은 사람 간의 격차가 벌어지는 것은 어쩌면 당연하다.

끝으로 유튜브는 정말 다양한 기회의 장이다. 이제 채널을 운영하지 않는 기업은 정말 드물다. 활용도도 높아지는 추세고, 관련 사업도 세분화되고 있다. 콘텐츠 제작의 전 과정이 아니라 한 부분을 특화하여 자신의 취미나 능력을 확장할 수도 있다. 메이크업에 자신이 있다면 크리에이터의 전속 메이크업 담당자가 될 수도 있고, 디자인에 자신이 있다면 크리에이터의 프로필이나 채널 아트를 제작할 수도 있고, 글쓰기에 자신이 있다면 영상의 시나리오를 작성할 수도 있다. 유튜브란 플랫폼을 이해하면 더 많은 기회를 만날 수 있다.

유튜브 없는 일상을 생각해본 적 있는가?

정답은 O.

2020년 11월과 12월에 유튜브가 각각 2시간, 40분 동안 먹통이 된 적이 있다. 영상이 재생되지 않는다는 이용자들의 불만이 폭주했다. 특히 유료 이용자들의 원성은 더욱 높았다. 개인 이용자뿐 아니라 기업의 온라인 행사들도 차질을 빚었다. 계정이 해킹당한 줄 알았다는 의견도 있었으며 이용자 피해 보상을 요구하겠다는 움직임도 일었다.[8]

유튜브가 조금이라도 삐거덕댈 때마다 일상이 흔들릴 정도로 점점 유튜브 의존도가 높아지고 있다. 어떻게 유튜브가 우리의 일상에 스며들었는지 살펴보자.

혼자 보내는 시간이 길어졌다

1인 가구가 사상 처음으로 30%를 돌파했다.[9] 1인 가구의 92% 가 유튜브를 매주 시청하며, 그 중 35%는 유튜브를 매일 이용하는 헤비 사용자heavy user 라고 한다.[10]

▶ 국내 1인 가구 분포 비율(%)

9.0
1990년

15.5
2000년

23.9
2010년

27.1
2015년

34.3
2035년
(예측)

다른 형태의 가구에 비해 1인 가구는 혼자 보내는 시간이 길다. 이들은 혼자서 밥을 먹을 때나, 외로움을 느낄 때 유튜브 콘텐츠로 헛헛함을 달래고 사람 간의 소통을 대체하는 것으로 추측한다. 예전에는 이런 일상의 빈 공간을, 라디오를 듣거나 TV를 틀어 놓으며 채웠는데 이제는 자신이 좋아하는 콘텐츠들을 직접 고를 수 있는 유튜브로 그 자리를 채우는 것이다.

1인 가구 중에서도 전체의 35%를 차지하고 있는 2030 세대를 주목할 만하다. 2018년에 열린 유튜브 마케팅 컨퍼런스에서 1인 가구의 증가와 함께 그들의 유튜브 시청 빈도가 높아지고 시청 시간도 길어질 것으로 예상했었다. 특히 일상을 담아내는 브이로그 콘텐츠의 수요가 높아질 것으로 예상했는데 아니나 다를까 2030 세대를 중심으로 진행한 조사 결과, 브이로그 콘텐츠 선호도는 67.9%였다. 그들은 브이로그를 콘텐츠를 선호하는 이유를 "이미지를 보다 생생하게 담아낼 수 있어서(35.1%)", "동영상 콘텐츠가 더 익숙해서(34.7%)", "사람들과 공감하고 소통하기 유용해서(31.5%)", "대리만족을 느끼기 때문(29.3%)" 순으로 꼽았다.[11] 유튜브로 공감하고 소통하고 대리만족을 느낀다는 답변은 앞으로 1인 가구의 유튜브 시청이 계속될 것이고, 더욱 늘어나리란 것을 보여준다.

어떤 이들은 1인 가구 수가 증가한 만큼 유튜브 사용 시간이 길어지는 게, 유튜브에만 해당되는 특이한 현상이 아니라 다른 SNS에도 해당되는 게 아니냐 되묻는다. 1인 가구는 혼자 지내는 시간이 많으니 인터넷 사용량도 높을 것이고 자연히 SNS를 많이 할 것이라 생각하기 쉬우니까. 하지만 2011년 이후 처음으로 2018년 SNS 이용률이 65.2%로 이전에 비해 3.0% 하락한 조사 결과가 나온 것을 보자. 2019년 결과에서는 63.8%로 그보다 1.4% 더 감소했다.[12] 즉, 유튜브를 제외한 SNS 이용률은 계속해서 '조금씩 낮아지는' 추세다. 이들이 SNS를 이용하지 않는 이유로 꼽은 가장 큰 이유는 75.5%로 '필요가 없어서'였다.[13] 유튜브가 SNS 사용률을 낮춘다고 보기도 하는데, 그 이유는 꽤 합리적이다. 유튜브 커뮤니티와 댓글을 통해 소통을 활발히 하기 때문에 충분히 SNS를 대체한다고 분석하고 있다.

지금은 '취향의 시대'

최근 트렌드 서적들을 갈무리하면 '취향'이란 단어로 압축할 수 있다. 2018년 취미 생활 관련 인식 조사에서 80%에 달하는 응답자가 자신만의 확실한 취향을 갖고 싶다고 밝혔다. 93.4%가 개인의 취향은 존중되어야 한다고 답했으며, 개인의 취향을 중시하는 것이 하나의 트렌드가 된 것 같다는 이야기에 82.3%가 동의했다. 본인의 취향을 반영하는 분야는 음악, 영화, 드라마와 같은 대중문화가 70%로 가장 높게 나왔다.[14] 이러한 조사 결과는 자신의 취향인 제품이라면 기꺼이 비용을 지불하거나 시간을 들일 용의가 있다는 사람들이 많아지고 있다고 읽어낼 수 있다. 이와 비슷한 경향은 콘텐츠 소비에서도 이어진다.

유튜브는 알고리즘을 통해 시청자의 취향을 제대로 파악하고 그에 어울리는 콘텐츠를 추천해준다. 유튜브의 최고 상품 담당자CPO 닐 모한Neal Mohan이 이야기한 바에 따르면 유튜브 이용자들은 시청 시간 70%를 추천 영상을 보는 데 쓴다고 하니, 추천이 꽤 적절한 모양이다.[15]

알고리즘은 검색어, 시청 방식, 시청 시간 등에 따라 시청자의 취향을 읽어내고 비슷한 취향의 다른 시청자들에게 좋은 반응을 얻은 콘텐츠를 보여주며 다양한 필터를 통해 이용자에게 딱 맞는 콘텐츠를 찾아 제공한다. 이 추천과 그에 반응한 영상 시청이 반복되면 사용자의 취향 데이터가 쌓이게 된다. 그러니 내 입맛에 맞는 콘텐츠가 나타나게 되고 시청자는 영상 보기를 멈출 수 없다. "나 이런 거 좋아하네?"와 같은 반응이 그래서 나오는 것이다.

물론 페이스북, 인스타그램과 같은 SNS 운영 시스템에서도 콘텐츠를 추천하는 알고리즘이 사용된다. 하지만 유튜브와는 약간의 차이가 있다. 페이스북 뉴스피드 랭킹 프로덕트 매니저인 람야 세두라만Ramya Sethuraman은 페이스북 뉴스피드 알고리즘에 대해 설명한 바 있다. 페이스북의 경우 사용자가 어떤 페이지, 어떤 친구를 팔로우했고, 그들의 게시글에 얼마나 반응했는지에 따라 뉴스피드에 뜨는 콘텐츠가 달라진다고 했다. 인스타그램의 경우도 이와 비슷하다. 이용자가 보인 반응과 이용자 간의 상호작용한 방식이나 정도, 그리고 최근에 올린 콘텐츠 등을 기준으로 피드에서 보이는 게시물이 결정된다.[16]

어떤 콘텐츠에 보인 반응에 묻어난 취향에 따라 비슷한 알고리즘으로 운영되는 것처럼 보이지만 유튜브와 다른 SNS 사이엔 '인간 관계'라는 차이점이 뚜렷하게 자리 잡고 있다. SNS에서는 나와 비슷한 가치관, 생각을 하는 사람들과의 관계가 중심이 되기 때문에 학교, 직장, 종교 등 활동 범위가 겹치는 사람들과만 소통하고 콘텐츠를 나누게 된다. 하지만 유튜브는 상대적으로 다른 사람들의 눈치를 볼 필요 없이 순수하게 내가 좋아하는 콘텐츠만을 소비할 수 있고 좋아하는 크리에이터하고만 소통할 수 있는 형태이기 때문에 취향이 좀 더 많이 반영된다고 볼 수 있다.

취향을 존중하는 문화와 나에게 딱 맞는 영상을 입에 떠먹여주는 알고리즘을 바탕으로 사람들의 유튜브 콘텐츠 소비 경향은 더욱 좁고 깊어지고 있다. 유튜브란 거대한 '취향의 바다'에서 남들이 모르는, 좋은 '낚시 포인트'를 찾아내는 크리에이터가 사람들에게서 사랑을 받게 될 테다.

내가 찾는 일과 삶의 균형

일과 삶의 균형을 뜻하는 '워크 라이프 밸런스Work Life Balance'는 이미 우리에게 친숙한 단어다. 일이 곧 삶이었던 시대가 지나고 그 사이의 균형을 맞추고자 하는 사람들이 늘면서 워라밸은 서서히 자리를 잡아가고 있다. 워라밸이 중요해지며 여가 시간이 길어진 사람들은 자연스럽게 더 많은 시간을 유튜브에 사용하고 있다. 일상에 유튜브가 스며드는 이유는 그만큼 많은 시간을 할애하기 때문이라는 것이다.

2019년 10세 이상의 국민의 여가 시간은 하루 평균 4시간 47분.

그 중 유튜브나 넷플릭스와 같은 미디어 이용 시간이 2시간 26분
으로 모든 연령대에서 가장 긴 시간을 차지했다.[17] 미디어 이용
은 다른 여가 활동에 비해 비용이 적게 들기도 하고 접근이 쉽다.
우리 모두 스마트폰이 있으니, 무언가를 더 준비해야 할 필요가
없다. 그리고 본인이 좋아하는 콘텐츠를 소비하며 시간을 보낼
수 있으니 전 연령층에서 골고루 여가 시간에 활용하는 것으로
자연스럽게 해석할 수 있다. 여가 시간에 미디어 이용이 차지하
는 자리를 다른 취미 활동이 쉽게 꿰차진 못할 것이다.

　해당 조사의 '미디어를 이용한 여가 활동'에는 책, 신문, 잡지
읽기와 비디오 시청, 실시간 라디오와 방송, 음악 듣기, 인터넷
정보 검색 및 기타 관련 여가 활동이 포함되어 있다. 이처럼 미디
어를 이용한 여가 활동에는 다양한 종류가 있어서, 연령이나 콘
텐츠 소비 성향에 따라 달라질 수 있기 때문에 이 결과를 곧 유
튜브가 사랑받는 이유라고 말하기는 어려울 수도 있겠다. 다만
여러 미디어 소비에 관한 데이터를 살펴보면 어떨까.[18]

　성인 1명이 1년간 읽는 평균 독서량은 2019년에 7.5권으로,
2017년에 비해 1.9권이 줄어들었다.[19] 독서량이 줄어든 이유로
책 이외의 다른 콘텐츠를 이용한다는 답변이 29.1%로 다른 이
유에 비해 월등히 높았다. 종이 신문은 구독률이 6.4%로 밝혀졌
는데, 이는 69.3%였던 1996년도에 비하면 무려 10분의 1 수준
이다.[20] 종이 신문이 아닌 포털 사이트나 SNS를 통해 뉴스를 소
비하는 경우가 전 연령층에서 60%를 넘긴 것을 보면 당연한 결

과인지도 모른다.[21] TV와 라디오 역시 사정은 크게 다르지 않다. 스마트폰을 필수 매체로 여기는 사람들은 63%였지만, TV를 선택한 사람들은 32.2%에 불과했고, 일주일 동안 라디오를 이용한다고 답한 사람들은 21.3%에 그쳤다. 결국 책과 신문, TV와 라디오 사용이 줄어들고 그 자리를 스마트폰이 채우고 있는 것을 알 수 있다. 그러니 이제 스마트폰에서 가장 많이 사용하는 애플리케이션을 살피면 여가 시간에 가장 높은 비율을 차지하는 플랫폼을 짐작할 수 있다.

한국인이 가장 많이 이용하는 동영상 애플리케이션은 유튜브로 2등인 틱톡과의 격차가 26배가 나는 것으로 보아 큰 이변이 없는 한 유튜브의 독주를 막기는 힘들어 보인다.

방송사 유튜브 채널들, 분석하고 있는가?

정답은 O.

한동안 방송국에서는 유튜브 콘텐츠를 제작을 까다롭게 여겼다. 그래서 유튜브 진입 초창기에는 유튜브 트렌드에 대한 이해 없이, TV의 영상 형식을 그대로 유튜브에 가져와서 시청자들의 관심을 끌지 못했다. 하지만 이제는 상황이 완전히 역전됐다. 대한민국 인기 급상승 동영상의 3분의 1은 이미 방영된 콘텐츠를 모아 짧게 편집한 영상이나 방송국에서 자체적으로 제작한 영상이 차지하고 있다. 방송국은 어떻게 유튜브 플랫폼을 이해하고 그에 알맞은 콘텐츠를 제작하고 있을까, 그리고 시청자들은 왜 그 콘텐츠에 열광할까?

방송국들의 유튜브 진출과 빠른 성장세

방송국들의 유튜브 진입으로 개인 크리에이터들이 위기감을 느낀다고 한다. 골목상권에 대기업이 진출한 것과 비슷한 기분일까. 연예인이나 유명 방송인이 유튜브를 채널을 개설할 때도 비슷한 감정을 느낀다. 하지만 처음부터 이들이 유튜브에서 두각을 나타낸 것은 아니다. 2018년 국내 최고 인기 동영상 10위에는 올라간 방송국 콘텐츠는 SBS에서 운영하는 뉴미디어 채널 '비디오머그'가 유일했다.[22] 하지만 이제는 다르다. 인기 동영상 순위에서 방송국 채널의 이름을 쉽게 찾아볼 수 있다. 처음엔 부진했지만 금방 시청자들에게 사랑을 받게 된 이유가 무엇일까?

KBS 프로그램 '끝까지 깐다'에서 예능 촬영 현장에 투입되는 인원을 밝힌 적이 있다. 연예인 6명, 경호원 6명, 조명 6명, 카메라 22명, 음향 6명, 진행 10명, 연출 PD 7명, 연출 FD 2명, 작가 8명, 차량 15명으로 총 88명이 투입된다고 한다. 드라마의 경우, 1분을 제작하는 데 1시간에서 1시간 30분의 촬영 시간이 필요하다고도 한다.[23] 이러한 기존 TV 프로그램의 제작 여건에 비해 유튜브 영상은 훨씬 적은 인원과 저렴한 비용으로 제작할 수 있다. 인력과 시간, 비용면에서 방송국이 압도적으로 유리하기 때문에, 이전에 방송국에서는 유튜브를 아마추어의 것이라고 여겼던 것 같다.

하지만 유튜브를 대하는 방송국의 자세는 점점 유연해졌다.

그 이유는 무엇보다도 유튜브를 통해 얻게 되는 파급력과 영향력, 벌어들이는 광고 수익 등의 중요성을 인식하게 된 이후부터라고 예상해본다. 2015년 지상파 광고 매출은 2조에 가까웠는데(정확히는 1조 9,112억) 2017년에 들어서 1조 4,121억 원으로 줄어들자 변화를 꾀해야 한다는 목소리가 높아졌기 때문이다.²⁴ 방송 사업 매출이 점점 떨어지고 있으니 자연스럽게 유튜브 광고 조회 수익과 유튜브를 통한 광고 콘텐츠 제작으로 벌어들이는 수익에 눈을 돌린 것이다.

유튜브를 통해 수익을 얻기 위한 방송국의 첫 전략은 기존 방송을 짧게 잘라 올리는 방식이었다. 1시간짜리 영상을 그저 뚝뚝 끊어내어 5분짜리 영상 12개를 만들었다. 그리고 우리나라를 제외한 다른 나라의 시청자들로부터 광고 조회 수익을 얻었다. 하지만 지금은 보다 적극적으로 유튜브 운영에 힘을 쏟고 있다.

시청자 타깃을 제대로 파악하여 콘텐츠를 제작한 방송국은 바로 SBS다. '스브스뉴스'는 20대의 감각을 살려 젊은 시청자를 공략하는 데 성공했다. 국내에서 꾸준한 사랑을 받고 있는 프로그램 '동물농장'은 '애니멀봐'란 이름의 유튜브 채널을 개설했다. 귀여운 동물들이 나오는 영상은 언어와 문화를 넘어 글로벌 콘텐츠로 발돋움하기 좋은 보편적인 키워드라는 것을 일찌감치 파악하여 다양한 외국어 자막으로 전 세계의 시청자들을 확보했다. JTBC는 자회사 '룰루랄라 스튜디오'에서 제작한 유튜브 오리지널 콘텐츠를 주력으로 내세운다. 예를 들어 '와썹맨'과 '워크맨'

은 빠른 컷 전환과, 효과음 삽입, 자막과 모자이크 처리를 활용한 위트 있는 편집으로 큰 인기를 얻었다. 이러한 편집 방식은 크리에이터 사이에서 한동안 유행하기도 했다. MBC와 EBS는 캐릭터의 스토리텔링을 중심으로 시청자들을 사로잡았다. '부캐'를 중심으로 공중파와 유튜브를 모두 장악한 '놀면 뭐하니'와 귀여움과 어린 아이들부터 30대까지 다양한 연령대의 팬덤을 구축한 '자이언트펭TV'가 바로 그것이다. 이 채널들 외에도 방송국에서는 훨씬 더 많은 채널들을 동시에 운영하고 있다. 방송국이 '유튜브스럽게' 변화하기 위해 유튜브만의 형식을 이해하고 이룬 쾌거들이 우리 피드에 올라온다는 점을 기억하자.

처음의 이야기로 돌아가서, 기존 개인 크리에이터들이 방송국과 방송인들의 유튜브 채널 개설을 견제할 필요는 없다. 유튜브는 채널끼리 경쟁한다기보다는 상생하는 플랫폼이다. 한 채널을 구독한다고 해서 다른 채널의 구독을 끊지 않는다. 오히려 양질의 콘텐츠를 생산하는 채널이 늘어날수록 내 채널의 구독자를 모으는 데 도움을 받을 수 있다. 비슷한 콘텐츠는 서로 경쟁하는 것이 아니라 탐색과 추천을 통해 함께 노출되기 때문이다.

친밀하고, 개인적이고, 소통이 원활하며 빠른 '유튜브스러움'은 오히려 개인 크리에이터들이 장착하기 쉬운 옷이다. 그러니 방송국을 견제하는 대신 그들의 콘텐츠를 파악하고 트렌드의 흐름을 읽는 유연한 자세가 필요하지 않을까.

각 세대별로 유튜브를 어떻게 시청하는지 알고 있는가?

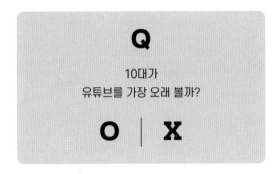

Q

10대가
유튜브를 가장 오래 볼까?

O | X

정답은 O.

와이즈앱의 유튜브 사용 시간 조사에 따르면, 10대들은 평균적으로 한 달에 46시간 52분, 하루에 1시간 30분 이상 유튜브를 시청하고 있다. 20대는 41시간 31분, 30대는 27시간 10분, 40대는 19시간 30분, 50대 이상은 26시간 56분 동안 유튜브를 시청한다. 연령이 높아질수록 시청 시간이 줄어들다가 50대 이상에서 역전이 일어났다.[25]

단순히 시간이 많은 연령대가 유튜브를 오래 보는 것일까? 거칠지만, 가장 구분하기 쉬운 데이터인 연령별로 유튜브를 시청하는 방식에 대해 살펴보자. 각 연령별 유튜브 시청 방식과 선호하는 유튜브 콘텐츠를 살펴보면 내 채널을 좋아할만한 타깃층을 선별할 수 있을 것이다.

10대 : 만화책을 숨겨 보던 옛날 아이들, 유튜브를 숨겨 보는 요즘 아이들

하루 평균 시청 시간	선호 영상 길이	선호 콘텐츠
1시간 30분	5~15.5분	먹방, 게임 등

10대 유튜브 시청 방식
: 틈틈히 짬내서 본다!

중고등학교 시절, 교과서 사이에 만화책을 숨겨 몰래 본 적이 있는가? 아니면 선생님 눈을 피해 친구들과 쪽지를 주고받거나 긴 머리카락을 늘어뜨려 유선 이어폰을 가리고 라디오를 들은 적도 누구나 한 번쯤 있을 것이다. 요즘 10대는 머리카락으로 무선 이어폰을 숨겨 몰래 유튜브를 본다. 강연에서 만난 학생들은 이 이야기를 하며 유독 신나 했다. 조사에 따르면 10대 유튜브 이용률은 99.2%다. 거의 모든 아이들이 유튜브를 보니, 유튜브를 보는 방법을 저마다 떠들 때 신이 날 만하다.

강연하며 만난 중고등학교 학생들에게 하루에 몇 시간 정도 유튜브를 보는지 물었다. 1시간 정도에서 100% 손을 들고 있던 아이들이 3시간부터 차츰 손을 내리기 시작하고, 5시간이 되면 80% 정도의 학생들이 손을 내린다.

재미있는 것은 아이들의 반응이다. 1시간에서 2시간으로 넘어갈 때 아이들은 긴장한 채로 자꾸만 뒤를 흘끔거린다. 뒤에 서 있는 담임 선생님의 눈치를 보는 것이다. 그런데 2시간에서 3시간으로 넘어가면 얼굴에 미소가 떠오른다. "나만 이렇게 오래 보는 것이 아니구나!" 하면서 말이다. 대신에 선생님들의 표정이 굳기 시작한다. 특히 4시간일 때도 여전히 손을 들고 있는 아이들이 많은 반의 선생님들은 눈을 질끈 감기도 한다. 우리의 조사 결과로는 10대는 하루에 2시간에서 4시간 정도 영상을 본다. 약간의 차이는 있지만 10대의 평균 동영상 시청 시간이 2시간 35분인 것을 보면 얼추 비슷하게 나왔다고 볼 수 있다.[26]

하루의 대부분을 학교에서 보내는 학생들이 대체 언제 유튜브를 보는 걸까? 이들의 하루 일과를 살펴보자. 학생들은 아침에 일어나서 SNS를 확인한 후 유튜브에 들어가 빠르게 피드를 훑는다. 이들은 썸네일에 크게 반응해 보고 싶은 영상을 고른다. 양치를 하거나, 볼일을 볼 때 영상을 보면 5분에서 10분 정도는 금방이다. 아침 식사를 하거나 학교에 갈 채비를 하는 와중에도 계속 영상을 본다면 아침에만 20분 정도 영상을 볼 수 있다. 등교하는 시간을 이용하면 2, 30분은 더 영상을 볼 수 있다. 수업 시간, 쉬는 시간 짬짬이 영상을 보면 오전에 이미 영상을 1시간은 보는 셈이다. 점심 시간에 다 같이 좋아하는 영상을 보는 것도 즐긴다. 학원 이동 시간과 쉬는 시간에서도 1시간 정도 확보가 가능하고, 집에 돌아가 자기 전에 한두 시간 영상을 더 보면 하루에 3시간 정도는 충분히 유튜브를 볼 수 있다.

10대 선호 콘텐츠

: 자극적이고 빠르고 다양한 화면 전환이 좋아!

10대들은 비교적 짧은 길이의 영상을 좋아한다. 조금이라도 지루하다 싶으면 영상을 건너뛰기 하면서 보거나 배속을 빠르게 해 보는 것을 즐긴다. 어릴 때부터 스마트폰을 접하며 자란 10대들에게는 팝콘 브레인Popcorn brain 현상이 자주 나타난다. 팝콘 브레인 현상이란 팝콘이 튀어오르는 것처럼 빠르고 강한 시청각 정보에 익숙해져 느리고 약한 자극에는 뇌가 반응을 안 하게 되는 현상을 말한다. 이 현상은 어릴수록 쉽게 생긴다고 하니, 10대들에게 가장 많이 나타나는 현상이 될 만하다.

유튜브를 볼 때 10대들은 대체적으로 스마트폰을 이용하고, 게임 콘텐츠를 주로 소비한다. 게임 콘텐츠에는 게임 자체에 빠른 화면과 충분한 음향 효과가 있는 데다 채팅 화면, 크리에이터의 표정이 보이는 화면과 반응이 더해져 훨씬 많은 자극 요소가 있다. 여기에 편집자의 자막과 음향 효과까지 더해지면 더 이상 화려해질 수 없을 정도로 자극으로 가득 찬 화면과 소리가 탄생한다. 그래서 10대들에게 강의를 하게 되면 평소보다 더 말을 빨리 하고 제스처도 크게 한다. 전교생을 대상으로 진행하기에 사람이 많아 그렇기도 하지만 이들의 이목을 조금이라도 더 잡아 두기 위해서다.

강의가 맘에 들면 쉬는 시간에 사인이나 사진 촬영을 요청하는 아이들이 있다. 그럴 때마다 아이들과 잠시 이야기를 나누곤

하는데, 아이들은 교육 콘텐츠 말고 게임 콘텐츠를 해볼 생각이 없는지 자주 묻는다. 이런 요청은 남학생들에게서 두드러진다. 여학생들은 브이로그나 먹방, 뷰티를 요청하기도 한다. 콘텐츠 요청에 대해 거리낌이 없는 것 또한 다른 연령대에서 볼 수 없는 10대만의 특징이다. 유튜브에 댓글을 많이 달고 실시간 채팅도 가장 활발히 하는 연령대인지라 오프라인에서 크리에이터와 소통을 할 때도 격의 없이 편하게 소통을 하는 것으로 보인다.

10대 유튜브 소비 리포트
: 가치관에 영향을 주는 영상들, 못 보게 하면 끝일까?

10대에게 유튜브란 정보를 검색하는 포털사이트이자, SNS 기능까지 담당하는 통합 플랫폼으로 자리 잡았다. 쇼핑 정보를 제공하며 실제 구매로 이어지는 데 영향력을 행사하고 공부 관련 콘텐츠도 다양해 학업에 도움을 받기도 한다. 나아가 친구들 사이에서도 유튜브는 빠지지 않는 대화 주제다. 요즘 어떤 유튜버가 유명하고, 무슨 콘텐츠가 유행하는지 트렌드를 파악해야만 친구들과 원활한 대화가 가능하다. 또 비싼 장비나, 편집 프로그램이 없어도 스마트폰 하나로 촬영부터 간단한 편집, 업로드까지 가능하기 때문에 10대들은 글보다 동영상을 더 이해하기 쉽고 재미있는 소통 방식으로 인식하고 있다. 다시 말해 10대에게 유튜브 소비와 재생산은 일상 그 자체이다. 그러다 보니 10대의 유튜브 의존도가 높아지는 것은 어쩌면 당연한 결과다.

이렇게 유튜브가 10대에게 미치는 지대한 영향력에 비해 유튜브의 유해한 영상으로부터 10대들을 보호할 수 있는 확실한 장치는 마련되어 있지 않다. 부정적인 언어 사용이나 폭력성, 성에 대한 왜곡된 지식 전달 등 크리에이터가 10대들에게 부정적인 영향을 줄 수 있다고 생각하는 교사, 학부모들이 많다. 조회수를 높이기 위한 선정적이고 폭력적인 영상들에 아이들이 무방비로 노출되기 때문에 이런 걱정도 자연스럽다. 우선은 유튜브 크리에이터들의 자정을 요구해야 하겠지만 모두가 그 요구에 응하는 것은 아니다. 유튜브에서 가하는 제재 속도보다 그를 피하려는 움직임이 더 빠르기도 하다. 따라서 가치관이 형성되기 전의 청소년들을 위한 유튜브 방침이 필요하다.

그저 보지 않도록 막는 것은 일차원적인 방법이다. 결국 아이들은 영상을 찾아볼 것이다. 그러니 무조건 제한하지 말고 아이들이 스스로 생각하는 힘을 기르도록 도와주는 노력이 필요하다. 유튜브 영상 시청을 바르게 하는 모범 답안을 행동으로 보여주자. 영상 세대에 태어난 아이들에게 무조건 영상 매체를 금지하는 것은 올바른 방법이 아닌 것은 분명해 보인다. 대신 어떤 방식으로든 영상을 가까이 하며 살아야 하기에, 콘텐츠를 선별하는 능력을 기르도록 돕는 과정이 필요하다. 이를테면 해당 연령대에 적당한 콘텐츠를 추천해주고, 스스로 관심 있는 주제의 콘텐츠를 검색하는 방법을 돕는 등 올바른 영상 시청 습관을 형성할 수 있도록 알려주는 것이다. 아이들은 한번 배우면 금방 터득할 것이다. 아이들은 어른들이 생각하는 것보다 더 금방 배우니까.

20대 : '나'에게 집중한다

하루 평균 시청 시간	선호 영상 길이	선호 콘텐츠
1시간 24분	5~15분	ASMR, 스트레스 해소 콘텐츠

20대 유튜브 시청 방식
: 가치 있는 상품에는 유료 결제도 적극적

뉴미디어 전문가들끼리 모여 이야기를 나눌 때면 대학생을 대상으로 한 강의가 가장 어렵다는 말이 꼭 나온다. 20대를 위한 수업은 기본적으로 회차가 많고 수업 시간이 길기 때문이다. 아무리 강사들이 열심히 강의를 해도 뒤로 갈수록 집중력이 떨어지는 건 어쩔 수 없다.

20대의 유튜브 이용률은 98%로, 10대만큼이나 유튜브를 많이 본다.[26] 그 때문일까, 수업 시간에 집중하지 않는 학생들 중 상당수가 강사의 눈을 피해 유튜브를 본다. 강의 시간보다 3~4배는 더 시간을 들여 준비한 강의를 듣지 않으면 속상할 때도 있지만 성인들에게 수업을 들으라고 억지로 강요를 할 수도 없는 노릇이다. 내 강의를 휴식 시간으로 여기지 않도록 분발하는 게 최선이다. 그래서 고안해낸 방법은 긴 수업 시간을 활용해 다른 수업보다 더 많은 실습을 진행하는 것이다. 흥미로운 점은 수업 때 유튜브를 보던 학생들도 막상 실습을 진행하면 수업에 꽤나 적극적이라는 사실이다.

20대의 콘텐츠 소비 형태는, 즐거움을 발견했을 때 비로소 활동에 임하는 그들의 수업 태도를 생각하면 이해하는 데 도움이 된다. 짧은 동영상을 가장 선호하는 세대가 20대라고 한다. 10분 미만의 영상을 선호한다는 응답이 62%로 10대의 56%와 비교해도 높다. 같은 조사에서 대학생들은 다양한 유료 결제 경험이 있다. 넷플릭스 이용 경험이 있다는 답변은 89%에 달했다. 짧은 콘텐츠를 선호하고 흥미를 느끼면서도, 재미있다고 판단하면 유료 결제와 같은 적극적 행위도 주저하지 않는 모습은 학교에서나 유튜브 세상에서나 비슷하게 작용하는 것처럼 보인다.[27]

20대 선호 콘텐츠

: 불안감과 스트레스를 '불멍'과 'ASMR'로 해소

취업·창업 프로그램에서 만난 20대는 주로 중후반의 취업준비생들이었다. 이들은 대학생들과는 또 다르다. 미래에 대한 불안감이 높다. 20대의 우울증 진단이 2015년에서 2019년 사이 200% 이상 증가했고, 그 원인으로는 미래의 불확실성과 SNS

로 받는 상대적 박탈감이 있다는 조사 결과를 자주 체감한다.[28]

20대의 40%는 스스로를 무민세대無mean세대라 칭한다. 무민세대는 남들이 볼 때는 의미가 없어 보이는 것도 본인이 좋으면 괜찮은 세대라는 뜻이다. 이들이 자주 시청하는 스트레스를 해소용 콘텐츠와 관련해 신조어도 생겼다. 수조 속 물고기를 계속해서 쳐다보는 '물멍', 모닥불을 계속 쳐다보는 '불멍'이 그것이다. 물멍과 불멍 외에도 슬라임이나 ASMR처럼 특별한 이유 없이 마음을 편안하게 하는 영상들이 20대에게 사랑받고 있다.

20대 유튜브 소비 리포트

: 미닝아웃(Meaning out)에 적극적, 광고도 '공정'하다면 괜찮아

20대의 가장 큰 관심사는 취직이다. 그래서 20대 중후반의 수강생들의 구미를 당기게 하기 위해서는 MCN, 방송국, 마케팅 회사에 취직할 수 있는 현실적인 방안을 커리큘럼으로 제공해야 한다. 이들은 크리에이터로서 창작을 하기보다는 실적을 만들 수 있는 방식에 눈길을 주기 때문이다. 대학생들이 흥미 위주의 실습을 원한다면 취업 시장에 바로 뛰어들어야 하는 취업준비생들은 광고 콘텐츠를 제작해보는 실습에 관심을 갖는다.

20대들은 광고 콘텐츠 자체에 대한 거부감이 높지 않다. 대신 재미있어야 한다. 유머러스하게 접근하는 광고라면 조금 노골적이라도 받아들인다. 그래서 20대 수강생들이 만드는 광고 영상은 대부분 코믹하다. 하지만 광고에 너그러운 20대도 뒷광고와 같이 도덕적이지 못한 광고에는 큰 분노를 표한다. 대통령이 청와대 직원들에게 선물했다는 화제의 베스트셀러 『90년생이 온다』에서 90년생의 특징을 '간단', '재미', '정직'으로 꼽았다는데 광고를 대하는 20대의 자세도 딱 그렇다. 정직, 공정, 공평, 솔직, 신뢰와 같은 가치를 높이 평가하는 것 또한 20대의 특징이다.

20대는 내가 좋아했던 유튜버가 정직하지 못했던 사람이라는 것이 드러나면 누구보다 분노한다. 인플루언서의 행보가 부적절하다면 근거와 논리를 내세워 지적하기를 꺼리지 않는다. 대신 납득할 만한 상황 설명과 진정성이 담긴 사과, 그리고 적절한 후속 조치를 약속하면 금방 화를 누그러뜨리는 것 역시 20대의 특징이다.

20대는 크리에이터의 문제 상황과 그에 따른 행보에 주목하는 연령대인 만큼 유튜브에서의 윤리적, 법적 문제에 관심이 많다. 저작권, 초상권, 개인정보 침해에 민감하고 문제가 될 수 있는 작은 부분도 모두 점검하려 한다. 많은 사람들이 20대를 이기적이라고 오해하지만, 사실 '나'를 생각하는 만큼 '타인'도 소중하게 여기는 사람들임을 기억하면 좋겠다.

○
30~40대 : 재테크, 교육 등
일상의 관심이 그대로

하루 평균 시청 시간	선호 영상 길이	선호 콘텐츠
🕐		
39분~55분	5~19.6분	재테크, 자녀 양육

30~40대 유튜브 시청 방식
: 없는 시간도 만들어서 시청한다.

우연의 일치인 것일까? 30대와 40대의 유튜브 이용률이 각각 90.5%로 똑같이 나타났다.[29] 대부분의 설문조사를 보면 3040 세대는 다른 연령대에 비해 유튜브 시청 시간이 낮은 편이다. 그런데도 유튜브 크리에이터를 하고자 하는 비율은 높다. 모든 수업을 통틀어 가장 많이 만나는 연령대가 3040 세대다. 유튜브랩의 시청자 분포에서도 만 25세에서 34세 구간과 만 35세에서 44세 구간이 엎치락뒤치락 1위와 2위를 다툰다. 그들이 유튜브를 하고 싶어 하는 것은 하고 싶은 이야기가 많아서가 아닐까 생각한다. 이 나이대는 다루고 싶은 이야기가 대체로 취미와 직업에 관련된 경우가 많았다. 일상에서 자주 접하는 주제를 콘텐츠 키워드로 삼는 것이다.

3040 세대의 유튜브 소비 형태는 각자 꾸려가는 일상의 패턴에 따라 다르다. 회사원이라면 출퇴근 시간과 퇴근 후 저녁 시

간에 주로 시청하고, 주부라면 오전 중에 주로 시청한다. 각자의 생활 패턴에 따라 다르겠지만 대체로 오후 6시 이후부터 가파르게 상승하는 곡선을 그린다. 이들은 영상을 볼 시간을 따로 확보한다고 보면 이해하기 쉽다.

30~40대 선호 콘텐츠
: 직장, 결혼, 자녀 양육이라는 공통 분모

30대와 40대 모두 그 안에서 유튜브 이용 패턴이 세세하게 나뉘고 구체적으로 살피면 조금씩 다르지만, 그럼에도 불구하고 이들을 묶어서 이야기하는 이유는 다음과 같다. 첫째, 유튜브에서 시청하는 콘텐츠 장르가 많이 겹치기 때문이다. 30대 남성의 경우 직장, 결혼, 자녀 양육, 재테크, 건강 순으로 관심이 높았고, 30대 여성의 경우는 자녀 양육, 재테크, 건강, 결혼, 외모 순이었다. 40대 남성의 경우 자녀 양육, 건강, 재테크, 직장, 사업 순이었고, 40대 여성의 경우 자녀 양육, 건강, 재테크, 노후, 가족관계였다. 이렇듯 우선 순위만 약간 다를 뿐 관심 키워드는 대체로 유사하다.[30]

관심 키워드들이 비슷하기 때문인지 그들이 유튜브에서 시청하는 콘텐츠들 역시 비슷하다. 부동산, 부업과 같은 재테크 콘텐츠는 호불호가 갈리지 않는다. 은행사와 건설사가 3040 세대를 대상으로 유튜브 콘텐츠를 만드는 것도 그 때문이다. 진로, 진학, 공부법과 같은 자녀 교육과 관계된 교육 콘텐츠도 많이 시청한다. 홍보와 인지도를 높이기 위해 운영하는 인터넷 강의 1타 강사들의 유튜브 채널을 살피면 3040 부모 세대의 댓글이 많이 달리는 것을 확인할 수 있다. 댓글을 잘 달지 않는 연령대인 것을 감안하면 폭발적인 반응이라고 보아도 좋을 정도다.

3040 세대를 대상으로 강의를 진행하면 수강생들끼리 보이는 결속력에 매번 놀란다. 공통 분모가 존재하기 때문인지 서로의 유튜브 관심사를 나누며 누구보다 빨리 친해진다. 서로 집에 초대하기도 하고, 자녀들의 나이와 이름, 학교도 외운다. 수업을 시작한 지 얼마 되지 않아 곧 언니, 오빠, 동생이 된다. 카카오톡 채팅방이나 밴드를 통해 결속력을 다지는 일을 가장 잘하는 것도 바로 이들이다. 커리큘럼이 끝나고 1년, 2년이 지나도 연락을 하며 지내고, 모임을 조직해 만남을 지속한다는 점도 3040 세대의 수강생에게서 나타나는 특징이다.

30~40대 유튜브 소비 리포트
: 끊임없는 자기계발

3040 세대의 공통점이 하나 더 있다. 교육 콘텐츠에 관심이 높다는 점이다. 자녀를 위한 콘텐츠 외에도 자기계발을 위한 강의 콘텐츠를 많이 찾는다. 30대의 경우에는 유튜브를 비롯하여, 베어유, 사이클, 솜씨당, 클래스101, 탈잉처럼 취미, 부업 유료 강의를 적극적으로 소비한다. 구매력을 갖춘 30대가 취미, 자기계발을 위한 투자에 적극적이라는 사실은 이미 여러 통계에서 나

타난다.[31]

　40대의 자기계발 관심사는 흥미롭게도 카드사 매출 데이터를 보면 알 수 있다. 신한카드의 매출을 들여다보니, 2020년 3월 취미 플랫폼 사이트의 이용률은 전년 동기 대비 138% 증가했다. 그 중 40대의 증가율이 돋보이는데, 1월에 비해 3월 40대 남녀 고객 증가율은 각각 97%, 86%로 매우 높았다.[32]

　3040 세대는 자기계발에 단연 적극적이라 온오프라인 수업에 직접 참가하는 경우도 많다. 한두 시간의 단발성 강의에도 물론 많이 참여하지만 긴 호흡의 장기 커리큘럼 수업에도 참여율이 높다. 짧으면 30시간에서 길면 240시간 정도의 긴 수업에 참석해 열심히 수업을 듣는다. 수강생들 대부분은 유튜브를 통해 수익을 벌어들이는 구체적인 방안에 큰 관심을 보인다. 유튜브를 일종의 재테크 방안의 하나로 여기는 것이다. 그리고 전업보다는 부업의 형태를 선호한다. 수업을 통해서든 오랜 시간에 걸쳐 크리에이터의 일을 직접 경험해보면서든, 안정적인 수입을 위해서는 시간과 비용이 소요된다는 점을 충분히 인지하고 있기 때문으로 보인다.

　이렇듯 3040 세대는 배우고자 하는 열망과 자세가 남다르다. 개인적으로 생각하기에 가장 많은 유튜브 전문가가 나올 가능성이 높은 집단이다. 아쉬운 점이 있다면 배우는 것에 몰두해 유튜브 콘텐츠 제작이 더디다는 점이다. 높은 기준을 설정해두고 자신의 역량이 그 기준에 다다를 때까지 기다리는 경우가 많다. 대신 시작을 하면 폭주하듯이 콘텐츠가 쏟아져 나오는 그룹이기도 하니 혹시 계속해서 공부만 하고 있는 3040 예비 크리에이터가 있다면 바로 시작하기를 권한다. 이미 배움은 충분하다. 일단 유튜브를 시작하면, 시작하기 전에는 보이지 않던 것들을 보게 된다. 그러니 더 많이 배우고 싶고 더 잘하고 싶다면 당장 시작하자.

○

50대 키워드: 누구보다 오래, 누구보다 충성스럽게

하루 평균 시청 시간	선호 영상 길이	선호 콘텐츠
54분	5~20.9분	음악, 건강 정보

50대 유튜브 시청 방식

: 라디오 듣듯 유튜브로 음악을 듣는 세대

5060 세대는 유튜브를 이끌어 가는 중요한 세대다. 과거의 시니어 세대와 달리 스마트폰과 컴퓨터 사용도 능숙한 베이비붐 세대는 생각보다 유튜브를 많이 이용한다. 3040 세대보다 5060 세대가 유튜브를 더 많이 보고 있다.

5060 세대가 사랑하는 유튜브 콘텐츠 중 하나는 음악이다.

2018년 1,000명의 시민을 대상으로 조사한 결과 50대의 57.5% 가 '음악을 유튜브로 듣는다'고 답했다.[33] 유튜브에 검색하면 당시 노래 모음이 나온다. 검색 필터를 조회수로 설정하고 보면 조회수가 높은 영상 순서대로 보여주는데, 1970~1980 세대 노래 모음이 제일 조회수가 높다. 베이비붐 세대가 청년이었을 때 듣던 노래를 유튜브로 찾아 많이 듣고 있음을 알 수 있다.

하지만 이들이 흘러간 옛 노래만을 듣는 것은 아니다. TV 프로그램 '미스트롯'과 '미스터트롯'의 주역들 또한 유튜브를 통해 5060 세대의 큰 지지를 받고 있다. 이들 팬덤은 아이돌을 사랑하는 10대 못지않다. 자신이 지지하는 가수가 등장하는 영상의 유튜브 조회수와 좋아요 수를 늘리기 위해 최선을 다한다. 영상 공유가 활발한 연령대도 5060 세대다. 좋아하는 음악뿐 아니라 좋은 글이나 시를 담은 영상들도 많이 보내고, 주요 쟁점을 다룬 뉴스 콘텐츠나 건강 정보가 담긴 콘텐츠도 일상적으로 공유한다.

50대 선호 콘텐츠
: 영상은 길게, 자막은 크게, 제스처는 심플하게!

5060 세대는 선호하는 동영상 길이가 20분으로 가장 긴 세대다. 10대는 15.5분, 20대는 15분, 30대는 16.3분, 40대는 19.6분, 50대는 20.9분으로 가장 길었다.[34] 다른 세대와 비교해보면 큰 차이가 나지 않는 것처럼 느껴질 수 있다. 하지만 1020 세대가 짧은 영상을 여러 편 볼 때 5060 세대는 긴 영상을 한두 편 본

다고 생각하면 그 차이를 이해할 수 있다. 수강생들에게 이들이 유튜브를 오래 보는 이유를 질문하면 100% 이런 대답이 나온다. '시간이 많아서'라고. 하지만 5060 세대가 시청하는 유튜브 콘텐츠를 보면 시간이 많아서 유튜브를 많이 본다는 오해를 풀 수 있다.

음악 콘텐츠는 화면을 계속 쳐다보는 콘텐츠가 아니다. 영상 재생을 누른 후 다른 일을 동시에 하니, 긴 시간 동안 유튜브를 시청하고 있는 셈이다. 많은 사람들이 5060 세대 하면 떠올리는 정치와 뉴스 콘텐츠도 마찬가지다. 영상 하나가 30분에서 90분까지 지속되는 경우가 많아 이들은 이렇게 긴 콘텐츠를 라디오처럼 소비한다.[35] 그래서 이들을 대상으로 하는 콘텐츠를 제작할 때는 오디오 녹음에 더 심혈을 기울인다. 촬영을 할 때 더 깨끗한 음질로 녹음하려 애쓰고, 더욱 또박또박 발음하려고 노력한다.

이미 촬영을 했거나 음질에 신경쓰기 어려운 경우에는 모든 멘트에 자막을 다는데, 이때 폰트의 크기에 주의해야 한다. 다른 세대를 대상으로 하는 콘텐츠에는 화면을 방해하지 않도록 작은 폰트를 주로 쓰지만, 5060 세대를 대상으로 한다면 일단은 잘 보이는 것이 중요하다. '미스터트롯'으로 온 국민, 특히 5060 세대의 사랑을 받은 가수 임영웅이 '쇼!음악중심'에 출연했을 때 자막 폰트 크기가 논란이 된 적이 있었다. 5060 시청자가 보기에 너무 작았던 것이다. 논란을 인지한 제작진은 다음 출연부터는 자막 크기를 키웠고, 이를 본 'SBS 인기가요'에서는 임영웅의 무

대에만 3배 이상 큰 자막을 사용하기도 했다.[36]

폰트도 예쁘고 화려한 스타일보다는 깔끔한 편을 선호한다. 유튜브 영상 편집도 마찬가지다. 다양한 효과음, 빠른 화면 전환, 상황을 설명하는 많은 자막은 오히려 5060 세대에게 지나치다는 인상을 주기 쉽다. 등장하는 크리에이터의 제스처도 큰 것보다는 작고 깔끔한 것을 선호하거나, 아예 하지 않는 것을 보기 좋다 생각한다. 적절한 편집은 영상의 이해도를 높이고 재미를 주지만 오히려 자극이 많으면 시청을 힘들어한다는 점이 1020 세대와는 확연히 다르다.

50대 유튜브 소비 리포트
: 성장 가능성이 가장 높은 5060 세대 예비 유튜버들

5060 세대의 수강생들을 만나면 모두들 카메라나 컴퓨터, 스마트폰 활용에 겁을 먹는다. 이미 잘 활용 중인데도 스스로 편견을 지니고 있는 경우가 다반사다. 실제로 수업을 하면 그 어느 세대보다 열심히 한다. 본인이 서툴다는 생각만 버리면 채널을 잘 꾸려가고 꾸준히 성장시킬 세대도 이들이다. 살아오면서 겪은 경험, 관록, 지혜 등 이야깃거리가 풍부하고, 유튜브에서 자주 접하지 못했던 신선한 콘텐츠 아이디어가 넘쳐난다.

개인적으로 앞으로 5060 세대에서 크리에이터들이 많이 나올 것으로 예상한다. 이들은 눈부신 발전을 거듭할 것이다. 촬영과 편집도 중요하지만 유튜브에서는 기획만큼 중요한 것이 없다. 이야기와 입담에 약간의 캐릭터성이 뒷받침된다면 제2, 제3의 박막례 할머니가 나올 것이라 기대한다. 나이 때문에 아직 망설이는 이들을 위해 강의하면서 만난 최고령 수강생 한 분을 소개하고자 한다.

2019년 진행한 크리에이터 양성 과정에 가장 먼저 지원서를 낸 이 수강생은 77세의 꽃분이PD님이다. 카메라를 사용하시는 것은 물론이고 프리미어 프로그램으로 편집을 하시는 것도 거침이 없었다. 어려워하는 수강생이 있으면 직접 알려주기도 하셨다. 특히 한 인터뷰에서 그녀가 한 조언이 기억에 남는다. "집에서 리모컨 돌리며 빈둥거리지 마세요, 할아버지하고도 다투지 말고 무조건 나와서 활동하세요." 실제로 얼마나 왕성한 활동을 하시는지, 2021년 4월까지 3,775개의 영상을 업로드했다. 주로 행사장에서 촬영을 하셨는데 한 가수가 꽃분이PD님을 유심히 보고 자신의 전속 스태프를 제안하며 연락을 하기도 했다고 한다. 나이는 정말 숫자에 불과하다.

유튜브로 돈 버는 방법 알고 있는가?

Q

유튜브 수익은
광고와 구독 수익뿐이다.

O | X

정답은 X.

유튜브 수익모델은 굉장히 다양하다. 유튜브 채널을 통한 플랫폼 수익 모델만 하더라도 광고 수익, 구독자 내 유료 구독자인 채널 멤버십, 프리미엄 구독자 수익, 슈퍼챗, 슈퍼 스티커, 상품 섹션이 존재한다. 기업의 광고를 진행하는 PPL이나 브랜디드 콘텐츠, 강의 등의 외부적인 수익도 있다. 유튜브로 돈을 버는 실질적인 방법이 궁금하다면 다음 내용을 확인해보자.

1. 유튜브 파트너 프로그램을 통한 수익 창출

유튜브로 돈을 벌기 위해서는 먼저 유튜브에서 수익 창출을 하기 위한 유튜브 파트너 프로그램YPP, YouTube Partner Program를 신청하고 유튜브 측으로부터 승인을 받아야 한다. 유튜브 프로그램 파트너에 신청하기 위해서는 몇 가지 조건을 충족해야 한다. 애드센스 지급액을 처리할 수 있는 만 18세 이상이면서(혹은 보호자가 있어야 한다.), 12개월 동안 시청시간 4,000시간과 구독자 1,000명 이상을 확보해야 한다. 이 기준에 부합한다는 것은 일반적으로 많은 콘텐츠가 게시되어있다고 평가할 수 있기 때문이다.

　이러한 수익 모델은 유튜브 채널을 만들고 일정 기준을 충족시키면 부가적으로 따라오는 수익이라 외부 수익에 비해 비교적 접근이 쉬운 편에 속한다. 광고 수익을 제외한 나머지 수익 모델들을 통해 수익을 얻기 위해서는 팬심이 무엇보다 필요하다. 영상 자체가 재미있거나, 유익하다는 이유 외에도 구독자가 크리에이터와 소통하고 싶고 후원하고 싶다는 마음이 들어야 수익 창출이 가능하기 때문이다.

① 광고 수익

　유튜브 커뮤니티 가이드를 준수한다면 대부분의 크리에이터들이 벌어들일 수 있는 수익이 바로 광고 수익이다. 하지만 광고가 붙는다고 해서 모두 같은 돈을 버는 것은 아니다. 광고 옵션에 따라 수익이 다르기 때문이다. 건너뛸 수 있는 동영상 광고의 경우 일정 시간 이상 시청을 해야 수익이 들어온다. 영상 하단에 배너 형태로 뜨는 오버레이 광고나 컴퓨터에서 유튜브를 볼 때 오른쪽 상단에 뜨는 정사각형의 디스플레이 광고는 시청자가 해당 광고를 클릭해야 크리에이터에게 수익이 발생한다. 영상의 소재, 시청자들의 광고 시청 지속 시간, 광고주들이 지급하는 비용, 시청자들의 거주 국가 등 다양한 요소에 의해 광고 수익은 천차만별이다.

② 채널 멤버십

구독자가 3만 명이 넘는 채널부터 활용할 수 있는 제도다. 멤버십에 가입하는 구독자를 대상으로 하며, 크리에이터가 준비한 콘텐츠나 이벤트 등을 이용하는 대가로 매월 이용료를 지불하는 수익 모델이다. 아동용 콘텐츠가 업로드되는 채널은 채널 멤버십을 운영할 수 없다. 돈을 지불할 만큼 가치가 있는 멤버십 영상, 프로그램을 개발하는 것이 수익을 높이는 가장 효율적인 방법이다.

③ 슈퍼챗과 슈퍼 스티커

실시간 방송 중 크리에이터와 소통을 위해 시청자가 사용하는 기능이다. 이 기능을 활용하면 채팅 스트림에서 자신의 메시지를 강조할 수 있다. 채팅 피드 상단에 고정이 되며, 지불한 금액이 클수록 오래 머무르게 된다. 아주 단순하게 생각하면 아프리카TV의 별풍선과 유사하다. 많은 크리에이터들이 광고 수익보다 슈퍼챗과 슈퍼 스티커 수익이 높다고 말할 만큼 수익에서 큰 부분을 차지하기도 한다. 그렇다고 해서 노골적으로 슈퍼챗과 슈퍼 스티커를 이용하도록 유도하는 것은 오히려 시청자들의 반감을 사기 쉽다. 또 슈퍼챗과 슈퍼 스티커를 받게 되면 감사 인사를 해야 한다는 사실을 꼭 기억하자.

④ 유튜브 프리미엄 수익

광고 없이 유튜브 콘텐츠를 즐기는 유튜브 프리미엄 이용자가 크리에이터의 콘텐츠를 시청하면 구독료의 일부가 크리에이터에게 지급된다.

⑤ 상품 섹션

시청자가 보기 페이지에 진열된 상품을 구입하면 수익이 생기는 모델이다. 한 번에 최대 12개의 제품을 보여줄 수 있다. 구독자가 1만 명을 넘어야 하며, 아동용 채널은 이용할 수 없다.

2. 유튜브 콘텐츠 제작을 통한 수익 창출

유튜브 채널이 어느 정도 인지도가 있을 때 활용할 수 있는 수익 창출 방법이 있다. 바로 콘텐츠 제작을 통해서 돈을 버는 방법이다. 광고 콘텐츠를 제작하는 경우에는 구독자가 적어도 30만 이상일 때 높은 비용을 받을 수 있다. 하지만 모두 그런 것은 아니다. 구독자가 1만이라 하더라도 시청자층이 확고하다면 높은 비용에 콘텐츠 제작이 가능하다. 1만 크리에이터나, 10만 크리에이터나, 100만 크리에이터나 콘텐츠를 제작하는 데 들어가는 시간과 비용, 노력이 10배, 100배 차이나는 것은 아니기 때문이다.

또한 아직까지는 유튜브 콘텐츠 제작 기준가가 형성되어있지 않다. 다시 말하자면 부르는 게 값이다. 서로가 수긍할 수 있는 가격이면 진행이 가능하다. 유튜브 운영만큼이나 영업과 협상의 능력이 요구되는 수익 모델이라 할 수 있다.

① PPL

Product Placement의 약자로 원래는 영화 소품 배치 업무를 뜻했다. 광고주에게 대가를 받고 영상 속에 자연스럽게 등장시키는 간접 광고인 것이다. 단순히 등장만 하는 경우를 크리에이티브 배치라 한다. 원래 제작하는 유튜브 콘텐츠에 제품이나 서비스를 등장시키는 것만으로 수익을 낼 수 있어 비교적 간단하다. 의도적으로 연출시키는 방법은 온 셋on-set 배치라 한다. 전자에 비해 단가가 높다. 유튜브 외부 광고 세계에서는 온 셋 배치는 브랜디드 콘텐츠와 혼용되기도 한다.

② 브랜디드 콘텐츠

크리에이터들이 만드는 광고 영상이지만, 단순 제품 광고와는 달리 브랜드의 가치가 담기면서 콘텐츠로서 인식이 짙어진 간접 광고다. 시청자들이 광고인 것을 알아도 '크리에이터의 창의성이나 개성'이 담긴 콘텐츠로 인식하는 경향이 있어, 자발적으로 콘텐츠를 이해하고 확산시키는 힘이 있다. 대개 스토리를 담고 있고 유머러스한 콘텐츠가 주를 이루지만 깊은 공감이나 감동을 담아내기도 한다. 브랜드에 대한 이해가 선행되어야 하기에 브랜드 측에서 적극적으로 콘텐츠 기획이나 제작에 참여하기도 한다. 크리에이터만의 독특한 콘텐츠 제작 능력이 돈으로 치환된다고 생각하면 편하다.

③ 2차 콘텐츠 판매

2차 콘텐츠 판매는 채널 콘텐츠의 특성을 살려 다른 콘텐츠를 제작, 판매하는 방법이다. 만화화, 영화화, 연극화 등 다른 콘텐츠의 형태로 재탄생시켜 판매해야 하기 때문에 그 콘텐츠를 구입할 팬덤이 확실해야 수익을 기대할 수 있다.

④ 콘텐츠 제작

콘텐츠 제작 능력을 알려 돈을 버는 방법이다. 유튜브 채널을 포트폴리오 삼아 영상 콘텐츠를 판매하는 방식이다. 짧게, 독립적으로 일하는 형태인 긱 워크Gig work가 큰 인기를 얻으며 기존에 영상 제작을 업으로 하던 사람들도, 그렇지 않은 사람들도 많이 도전하는 분야다. 촬영과 편집 실력을 갖추는 것이 기본이고 모션 그래픽 활용 여부, 디자인 가능 여부, 드론 운전 가능 여부 등에 따라 벌 수 있는 수익이 달라진다. 콘텐츠 제작에 필요한 내레이션을 하는 성우, 연기력을 갖춘 배우를 섭외하는 능력도 요구된다.

3. 커머스를 통한 수익 창출

커머스라고 하면 물건을 팔아야 한다는 부담감에 초보자들은 꺼리는 수익 모델이다. 하지만 커머스에 대한 크리에이터들의 자세는 점점 적극적이다. 팬덤이 견고할수록 더더욱 그렇다. 내가 좋아하는 크리에이터가 자주 쓰는 제품을 시청자들은 쉽게 신뢰하기 때문이다. 그래서 많은 기업들이 자신의 제품이나 서비스에 어울리는, 혹은 잠재 고객이 많이 모여 있는 채널을 찾기 바쁘다. 중개 회사들도 덩달아 바빠지면서 단순히 유명하고 구독자가 많은 크리에이터보다 제품이나 서비스를 잘 소개하면서 신뢰를 줄 수 있는 크리에이터들을 육성시키기에 이르렀다. 커머스를 통한 수익 창출에 관심이 있다면 전략적으로 커머스를 위한 유튜브 채널을 만들어보는 것을 추천한다. 커머스의 여러 갈래를 소개한다.

① 미디어커머스

미디어와 커머스를 합한 것으로, 미디어를 활용한 전자상거래의 모든 형태를 말한다. 유튜브에서는 영상을 통해서, 인스타그램에서는 사진을 통해서, 블로그에서는 글을 통해서 상품을 소개하고 판매한다. 많은 미디어들이 숍 기능을 추가하고 있어서 이전보다 미디어커머스 수익 창출이 편리해졌다. 유튜브로 돈을 버는 방법이니 유튜브에서 상품을 판매하는 것을 떠올리기 쉽지만 대체로 다른 미디어와 결합하여 판매한다. 그냥 소개만 하면 되는 광고 콘텐츠 제작과 결이 다르다는 점을 유념하자. 어떤 멘트를 구사해야 할지, 상품이나 서비스를 어떻게 영상으로 전달해야 판매까지 이어질지 고민해야 한다. 보통 미디어커머스를 진행하고 콘텐츠 제작 비용에 준하는 비용을 받거나, 판매되는 수익의 일부를 수수료로 받는 형태로 나뉜다.

② 라이브커머스

실시간 방송을 통해 상품을 소개하고 판매하는 방식으로, 미디어커머스의 갈래 중 하나다. 유튜브를 이용하기도 하지만 전문 라이브커머스 플랫폼을 이용하는 경우도 크게 늘고 있다. 편집이 가능한 미디어커머스와 달리 실시간으로 진행되고, 진행시간도 비교적 긴 편에 속하기 때문에 제품에 대한 높은 이해력과 재치 있는 입담이 받쳐주어야 한다. 쇼호스트, 아나운서, 개그맨, 개그우먼 등 방송인을 비롯하여 제품을 잘 알고 있는 사람들이 뛰어들기 시작한 시장이라, 미디어커머스나 소셜커머스에 비해 재미가 충족되어야 한다는 점을 잊지 말자. 재미가 반드시 유머를 말하는 것은 아닌지라, 최근에는 라이브 방송이 익숙한 크리에이터들이 많이 도전하는 분야다. 미디어커머스와 비슷하게 수익이 책정되지만 최근에는 시간에 따라 임금을 주는 형태도 등장했다.

③ 소셜커머스

소셜 네트워크 서비스를 활용하는 전자상거래를 뜻한다. SNS에서 판매를 한다기보다는, 일정 수 이상의 구매자가 모이면 할인 폭이 커지는 형태로 공동 구매에 가깝다. 상품을 팔기 원하는 거래처와 협상을 잘해서 시청자들로 하여금 혜택을 받아갈 수 있도록 하는 게 관건이다. 구독자가 어느 정도 확보되었을 때 조건 좋은 계약을 협상할 수 있다. 다른 미디어 활용으로 팬덤이 확실하거나, 매우 독특한 콘셉트가 있는 경우가 아니라면 계약 자체가 어려운 편이라, 구독자가 확보되지 않으면 활용하기 어려운 수익 모델이다.

4. 후원을 통한 수익 창출

크리에이터 수익 상담에서 가장 많이들 물어보는 부분이 바로 후원을 통한 수익 창출이다. 동영상 업로드 시 설명란에 후원 계좌를 표기하기만 해도 되는데, 채널에 따라 의외로 높은 수익이 창출되기도 해서 한때 크게 유행하기도 했다. 하지만 후원을 통한 수익 모델은 신중에 신중을 기하기 바란다. 후원은 눈먼 돈이 아니다. 크리에이터를 생각하는 시청자들의 마음이 담긴 돈이라는 점을 유념하자.

① 후원

주로 페이팔이나 통장 계좌번호를 공개해 후원을 받는다. 이 부분에 대해서 현재 유튜브는 별 다른 제재나 공지가 없다. 대한민국의 법으로 본다면 개인 후원 계좌로 후원금을 받는 경우는 '증여'로 분류된다. 한 사람에게서 50만 원 이상 후원을 받으면 증여세를 내야 한다. 단, 치료비나 이재구호금품, 생활비 등과 같이 사회 통념상 기부로 인정되는 경우는 증여세를 내지 않아도 된다. 만약 개인 후원이 아니라 영수증을 발급할 수 있는 영리 법인의 경우라면 사업 소득으로 간주되어 법인세가 부과된다.[37]

② 크라우드 펀딩

사업 계획을 설명한 후 그 사업에 동의한 불특정 다수에게 후원을 받아 목표 금액을 달성하면 그 돈으로 계획했던 제품 혹은 문화 예술 공연을 기획 제작한다. 후원했던 사람들은 후에 제품이나 공연 티켓 등 '리워드'를 받는다. 책이나 콘텐츠 제작, 공연, 제품 출시 등 크리에이터들의 펀딩은 다양한 형태로 이뤄진다. 수익을 많이 남긴다기보다는 추후 사업을 위한 초석을 마련하는 방법이라고 볼 수 있다.

5. 채널 마케팅을 통한 수익 창출

소상공인을 대상으로 하는 강의의 대부분을 차지하는 것이 마로 마케팅을 통한 수익 창출이다. 보통 사업을 병행하는 방식이 대부분이다. 기존의 사업을 하면서 어떻게 유튜브를 통해 마케팅을 하여 매출을 높일 수 있을지 생각하는 것이 첫 번째다. 두 번째는 꾸준히 콘텐츠를 업로드하는 것인데, 이 부분이 가장 까다롭다. 기존의 일을 하며 유튜브를 한다는 것은 또 다른 사업을 하나 더 하는 것과 같은 에너지가 들어가기 때문이다. 하지만 구독자 수나 조회수에 비해 효과가 좋은 편이라 마케팅 수단이 필요하다면 강력하게 추천하는 수익 모델이다.

① 사업 병행

유튜브 마케팅을 통해 자신의 사업의 매출을 증진시키거나 사업의 범위를 확장시키는 방식이다. 판매하고자 하는 상품이나 서비스가 확실한 경우에는 상품과 서비스가 만들어진 경위, 어려웠던 점, 제작 과정, 들어가는 재료 선정과 재료 등 다양한 이야깃거리를 콘텐츠화해야 한다. 제품과 서비스의 강점만을 담아내면 일반 광고 콘텐츠와 다를 바가 없다. 잘 만든 마케팅 콘텐츠는 고객인 시청자들이 믿고 구입할 수 있는 탄탄한 '스토리텔링' 구조를 가진 콘텐츠다. 창업주라면 창업을 결심한 순간부터 정리해보면서 이야깃거리가 없는지 살펴야 한다. 명심할 것

은 스토리텔링을 위해 거짓말을 해서는 안 된다는 점이다. 진정
성이 어느 플랫폼보다 중요하게 작용하는 곳이 유튜브임을 잊
지 말자. 작가, CEO, 의사, 약사, 변호사, 교수 등 전문가들도 유
튜브에 뛰어들어 자신들의 사무실에 찾아오는 고객들을 늘린다
고 하니 그 효과가 새삼스레 대단한 듯하다.

② MD 제작

   채널과 관련된 MD를 제작하여 직접 판매하는 것을 말한다.
채널 로고나, 크리에이터의 캐릭터를 박은 컵이나, 에코백, 티셔
츠, 키링 등을 만들어 판매한다. DIY 채널이나 요리 채널의 경우
에는 영상 속에서 사용한 도구를 판매하기도 하고, 직접 제작을
해볼 수 있도록 재료와 함께 키트를 꾸려 판매하기도 한다. 캘
리그라피, 미술, 디자인 채널은 제작 과정을 촬영해서 유튜브 채
널에 업로드하고, 해당 제품을 판매하기도 한다. 사업을 하고 있
지 않더라도 간단하게 MD 제작을 맡길 수 있는 업체가 늘어나
서 부담 없이 도전해볼 수 있다. 판
매가 목적이 아니라, 이벤트로 구독
자들에게 받은 사랑을 돌려줄 때 활
용하기도 한다.

▶ 무읽남 캐릭터 키링 MD

6. 지식 산업을 통한 수익 창출

자신이 아는 것을 콘텐츠에 담아낸 사람들은 전문가로서 인정을 받는다. 꼭 교육 콘텐츠가 아니라도 괜찮다. 요리 유튜버는 요리 전문가로 인정받고, 아침에 일찍 일어나는 라이프 스타일을 콘텐츠화하면 자기계발 전문가로 초빙된다. 유튜브 콘텐츠로 부족하거나, 더 배우고자 하는 사람들의 수요가 늘어나면 다음과 같은 방법을 통해 수익을 창출할 수 있다.

① 강의

자신만이 가지고 있는 콘텐츠를 토대로 다수의 사람들에게 정보를 전하는 것이 강의다. 보통 일정 커리큘럼에 따라 여러 번에 걸쳐 진행한다. 누군가를 가르쳐야 하니 해당 콘텐츠에 대한 이해가 높아야 하는 것은 당연하고, 가르치는 기술 또한 연마해야 한다. 커리큘럼을 짜는 능력, 효과적인 교육을 위해 PPT나 멀티미디어를 활용하는 능력도 갖추어야 한다. 수강생들마다의 목표, 담당자의 목표, 오프라인 강의와 온라인 강의의 차이, 기업과 기관의 분위기 등을 읽어낼 줄 알면 베테랑 강사로 활동이 가능하다.

② 강연

자신의 콘텐츠를 토대로 일정한 주제에 대해 청중 앞에서 이야기 하는 것이다. 주로 자신의 경험이나 노하우를 일회성으로 전달한다. 강의와 가장 큰 차이점이라고 한다면, 강의는 그 내용과 기술을 익힐 시간과 노력만 있으면 누구나 할 수 있지만 강연의 이야기는 '나밖에 못하는 이야기'를 해야 한다는 점이다. 유튜브 크리에이터들은 교육 채널이 아니라면 대체로 강연의 기회가 더 많다.

③ 원데이클래스

누가 초청하지 않는다면 스스로 원데이클래스를 열어보자. 강의든 강연이든 스스로 여는 것이다. 유튜브 채널이 있다면 모집도 어렵지 않다. 인원도 수강생의 특징도 본인이 원하는 대로 꾸려서 모집을 할 수 있으니 부담도 덜하다. 원데이클래스를 통해 강의 및 강연 경험도 쌓고, 콘텐츠에 대한 피드백도 얻고, 효과적으로 지식을 전달하는 방법도 얻을 수 있어 강의나 강연을 꿈꾸는 사람들에게 많이 권한다. 많은 사람들이 비용을 책정하는 것을 까다로워 하는데, 원데이클래스의 비용은 어느 정도 시장가가 형성되어 있다. 비슷한 분야의 다른 클래스를 조금만 알아보면 비용을 정하는 것도 어렵지 않다.

④ 책 출간

탄탄한 콘텐츠를 확보하고 있다면 일반적으로 출판사에서 연락이 온다. 유튜브를 통해 수강생들과 친한 크리에이터들 중에서 책을 낸 사람만 해도 대충 30명이 넘는 것 같다. 만약 출판사에서 연락이 오지 않았다고 해도 걱정하지 말자. 출판사에 먼저 투고를 하는 방법도 있고 출판사에서 출간이 여의치 않다면 요즘은 독립 출판을 하는 방법도 있다. 유튜브 콘텐츠 내용을 정리해서 갈무리만 해도 좋은 책이 될 수 있다. 다만 책을 내면 엄청난 부를 축적할 수 있을 것이라는 기대감에 부푸는 크리에이터들을 자주 봐서 잠시 설명하자면, 보통 인세는 10% 정도라서 베스트셀러가 아니라면 책 자체만으로 돈을 많이 벌기는 어렵다. 책 출간을 통해 전문가로 인정받고 활동 범위를 확장하며 얻게 되는 부수적인 수입들이 생겨날 수 있는 기회라고 생각하길 바란다.

⑤ PDF 전자책

종이책에 비해 분량이 적은 편이라 작업 기간이 짧고, 전자책이니 제작 비용이 들지 않는다. 게다가 판매처의 수수료만 제외하면 가격의 50%에서 80%까지 자신의 몫으로 챙길 수 있어 크리에이터들이 가장 선호하는 수익처이다. 기존 유튜브 콘텐츠를 70~80% 정도로 다루고, 이전에 다루지 않았던 새로운 내용을 20~30% 정도 더하여 제작하는 경우가 가장 반응이 좋았다. 하지만 기존 콘텐츠와 너무 똑같으면 반발이 있다는 것을 기억하자. 그렇다고 완전히 새로운 내용은 구입할 이유가 안 될 수 있다. 또 종이책에 비해 전자책은 제작 기간이 짧기 때문에 시의성 있는 주제에 빠르게 대응하여 출간할 수 있다는 장점이 있다.

⑥ 컨설팅/상담/코칭/멘토링

컨설팅과 상담, 코칭과 멘토링은 모두 다른 뜻이고 실제 활동도 엄연히 다르다. 하지만 강사 양성을 위한 내용이 아니니 한번에 설명해도 괜찮을 듯하다. 강의나 강연과 이 활동들의 가장 큰차이는 상대를 직접 관리한다는 점이다. 대체로 소수를 대상으로 운영하며 콘텐츠뿐 아니라 삶의 한 영역을 함께 하는 일이다. 유튜브 콘텐츠를 바탕으로 하되, 상대방에 대한 깊은 이해와 배려가 요구된다. 언어적 표현과 비언어적인 표현 모두에 유의해야 하고, 일지를 작성하며 상대방의 변화를 이끌어냈는지 확인하는 세심함이 요구된다. 다른 지식 산업에 비해 높은 수익화 모델이지만 그만큼 많은 시간과 노력이 들어간다.

유튜브는
콘텐츠 기획이 전부다

사랑받는 콘텐츠에는
어떤 공통점이 있을까?

몇 년 전 『그들은 어떻게 유튜브 스타가 되었는가』를 집필할 때 소위 성공한 크리에이터들의 공통점을 다음과 같이 꼽았다. "정체성이 뚜렷한 캐릭터, 포맷은 일정하지만 내용은 언제나 신선한 콘텐츠 그리고 본인의 길을 묵묵히 걷는 건실함". 하지만 이번에는 크리에이터가 아닌 '콘텐츠'에 초점을 맞추어보고자 한다.

해학의 민족, '유쾌함'은 언제나 통한다.

취향의 바다인 유튜브에서 꾸준히 많은 사람들의 관심을 받는 콘텐츠들의 첫 번째 공통점은 바로 '유쾌함'이다. 때로는 가슴 아리는 콘텐츠도 높은 조회수를 보이기도 한다. 심각한 사회 이슈를 다루는 콘텐츠도 마찬가지다. 하지만 시청자들이 주로 보고 싶어하는 콘텐츠는 역시 발랄하고 재미있는 내용이다.

우리나라 사람들이 좋아하는 콘텐츠를 확인할 수 있는 곳이
있다. 바로 '유튜브 인기 급상승 동영상'이다. 인기 급상승 동영
상에서는 조회수, 조회수 증가 속도, 시청자의 유입 경로, 동영
상 업로드 기간, 해당 채널에 최근 업로드한 다른 동영상과 비교
한 결과 등을 고려하여 다양한 시청자들의 관심을 끄는 동영상
을 발굴한다. 인기 급상승 동영상은 약 15분마다 업데이트된다.
하지만 우리나라의 경우 한번 인기 급상승 동영상에 오른 콘텐
츠가 며칠 동안 유지되는 것이 일반적이다.

우리나라의 인기 급상승 동영상을 살펴보면 주요 이슈를 제외
한 콘텐츠들 대부분이 예능 계열임을 알 수 있다. 2019년 1월부
터 10월까지 인기 급상승 동영상에 올랐던 영상들을 분석해보면
대체로 예능 프로그램 클립, 영화 예고편, 영화 리뷰, 아이돌의
무대 혹은 뮤직비디오, 스포츠 하이라이트, 상황극이나 먹방 등
엔터테인먼트에 해당하는 탑 크리에이터들의 콘텐츠가 인기 콘
텐츠로 자리하고 있었다. 재미의 기준은 사람마다 다르지만 대
체로 기분이 좋아지는 콘텐츠가 대세임을 알 수 있다.

유튜브를 통해 영상을 시청하는 것 자체를 휴식으로 삼는 경
우가 많기 때문에 마음을 편안하게 만드는 콘텐츠를 선호하는
것으로 보인다. 자극적인 콘텐츠가 높은 조회수를 기록하는 일
이 잦은데 유쾌함이 웬 말이냐 생각할 수도 있겠다. 그럼 자극적
인 콘텐츠들의 계열을 살펴보자. 사람마다 차이가 있겠으나 선
정적인 경우든 폭력적인 경우든 자극은 일종의 쾌감과 맞닿아

있다. 자극적인 콘텐츠를 긍정하는 것이 아니라, 콘텐츠를 즐기는 쾌감의 한 종류로 해석이 가능하다는 뜻이다.

억울함을 풀려고 하거나, 아픔을 토로하거나, 문제 제기를 하는 콘텐츠들도 세간의 관심과 지지를 받는다. 그러나 일정 기간 이상 우울한 분위기가 지속되면 시청자들은 '이제 그만 우려먹으라', '볼 때마다 지친다'며 피로감을 내비친다. 이런 반응과 함께 조회수나 구독자 수가 정체되면 크리에이터는 채널 운영에 위기를 느낀다. 이럴 때 무언가 대책을 세워야 할 것 같아 고민하다 지금껏 꾸려온 콘텐츠의 결과 다른 무리수를 두기도 쉽다.

이전보다 더 센, 소위 말하는 매운맛 콘텐츠를 만들다가 조작 의혹에 휩싸이기도 하고, 맥락 없이 분위기 전환을 한 콘텐츠를 업로드하다가 이전 콘텐츠의 진정성을 의심받기도 한다. 혹은 조급한 마음에 농담을 던지다 해서는 안 될 말실수를 하는 등 시청자가 등을 돌리는 최악의 사태를 맞닥뜨리기 쉬우니 주의해야 한다. 1인 미디어계에서는 워낙 빈번하게 일어나는 일이라 사례를 하나하나 짚기도 벅차다. 유쾌함은 불편함이 느껴지지 않는 선에서 이뤄져야 한다는 것을 콘텐츠들을 분석할 때마다 뼈저리게 느낀다.

채널 성장의 기본 토대는 '진솔함'이다.

시청자들이 사랑하는 콘텐츠들의 두 번째 공통점은 '진솔함'이다. 일부러 꾸며낸 듯한 콘텐츠보다 진심이 와닿는 콘텐츠가 오래 간다. 진심이 전달되는 콘텐츠에도 요건이 있다. 먼저 거짓이 아니어야 한다. 유기된 강아지를 입양했다는 유튜버가 사실은 펫숍에서 분양을 받아 온 사실이 드러나 뭇매를 맞은 적이 있다. 당시 영상 속에 등장한 강아지가 비싼 품종견이라 유기될 가능성이 낮다는 의문점을 시청자들이 문제제기 한 것이다. 얼마 되지 않아 유기견 콘텐츠가 전부 조작된 콘텐츠라는 사실이 드러났다. 이와 비슷한 사례는 다음 해에도 일어났다. 유기견 구조를 생생하게 담은 영상으로 후원을 받았던 유튜버의 조작 의혹, 자신을 수의대생이라 밝힌 유튜버의 품종견 분양 및 반려동물 학대 의혹은 사람들의 분노를 샀다.

해당 채널들은 자신들의 과오를 인정하며 운영을 중단했다. 그럼에도 해당 크리에이터들을 향한 노여움은 사그러지지 않았다. 크리에이터의 개인정보는 순식간에 인터넷에 공개됐고 그들의 행보 하나하나가 뜨거운 관심을 받았다. 거짓을 발판으로 성장한 채널의 인기는 그저 식는 데 그치지 않고 모든 것을 불태운다는 것을 그들은 몰랐던 것 같다.

진솔함의 두 번째 요건은 과장이 없어야 한다는 점이다. 어떻게 보면 첫 번째 요건보다 오히려 어려운 것이 이 부분이다. 거짓말은 안 하면 되지만 관심을 끌기 위해서 혹은 매끄러운 콘텐츠 제작을 위해서 일부를 과장하는 경우는 콘텐츠 제작에 비일비재하기 때문이다.

예전에는 콘텐츠적 허용을 인정했다면 최근에는 시청자들이 과장을 덧댄 영상들을 가만히 보지 않고, 해체해 꼼꼼히 뜯어보기에 이르렀다. 이런 현상은 광고 콘텐츠에서 쉽게 찾아볼 수 있다. '제이제이의 리얼리뷰'를 필두로 소셜미디어나 유튜브에서 자주 보이는 제품 광고를 보고 실제로 똑같이 진행을 했을 때 같은 결과가 나오는지 확인하는 채널들이 늘었다. 많은 크리에이터들이 광고 콘텐츠의 실체를 확인하는 영상을 제작해 올리자 'SNS 광고는 믿는 게 아니다'라는 말이 신빙성을 얻기도 했다.

광고 콘텐츠를 주로 만드는 제작사들은 이러한 크리에이터들의 행보에 따라 자체적으로 광고의 방향성을 점검하기 시작했다. 과장이 심한 것이 들통이 나면 고객과 잠재 고객인 시청자들의 질타와 함께 심한 경우에는 허위 과장 광고로 처벌받을 수 있기 때문에, 문제가 되지 않도록 미리 자체 검열을 시작한 것이다. 비슷한 맥락에서 크라우드 펀딩이나 홈페이지의 과장 광고를 발견하고 사실을 기반으로 고발하는 형태의 콘텐츠도 많은 시청자들의 지지를 받고 있다. 리뷰 콘텐츠 초반에는 광고주가 명예훼손이나 영업방해로 크리에이터를 고소하는 경우도 있었다고 하는데 최근에는 허위 과장 광고 처벌이 강력해져서 과장 광고가 줄어 리뷰 콘텐츠도 함께 줄어드는 추세다.

거짓과 과장이 없는 진솔한 매력은 종종 창작 콘텐츠에서도 요구된다. 콩트나 깜짝 카메라, 웹드라마와 같이 분명히 '만들어진' 콘텐츠들에서도 시청자들은 '만들어지지 않은 것 같은' 진솔함을 원한다. 고개가 끄덕여질 만한, 그러니까 진짜로 있음직한 일이어야 영상에 몰입할 수 있기 때문이다. 판타지 요소가 가미된 콘텐츠에서도 논리적 비약이 있는지 없는지 따지는 오늘날의 시청자들을 호락호락하게 보아서는 안 된다.

시청자들이 허구임을 알면서도 콘텐츠에서 현실성을 찾는 이유는 다양하다. 이는 소설이나 영화, 드라마를 보는 이유와도 살짝 맞닿아있다. 허구의 등장인물에 공감하고 간접 경험을 하며 타인과 자아의 이해의 폭을 넓히는 것이다. 현재 나의 상황과 너무 동떨어지거나 상상이 어려운 콘텐츠는 공감을 하기가 어려워진다. 따라서 시청자들은 만족스러운 콘텐츠 시청을 위해 리얼리티를 논하게 되는 것이다.

콘텐츠의 진솔함을 찾는 또 다른 이유 중에 하나는 거짓이 점철된 세상에 염증을 느꼈기 때문일 것이다. 유튜브 세상에서만큼은 솔직하게 소통하며 진솔한 이야기를 만나고 싶은 욕구가 시청자에게는 있다. 기획, 화질, 구도, 구성, 캐릭터가 완벽한 영상들보다 스마트폰으로 투박하게 찍었지만 진심이 느껴지는 영상들이 공유되고 입에 오르내리는 이유는 바로 여기에 있다.

시청자들의 이런 욕구를 파악한 일부 광고주, 대행사, 크리에이터들은 광고를 광고라고 밝히지 않고 마치 크리에이터가 직접 구입을 한 것처럼, 혹은 기존에 사용해오던 것처럼 이야기하는 방식으로 광고했다. 이런 광고가 마치 가장 최신의 광고 기법인 듯 제법 오랫동안 활용하던 그들은 2020년 '뒷광고' 논란이 터지자 그제야 그만두었다.

성공하는 채널 브랜딩이란 무엇일까?

"유튜브로 성공하려면 어떻게 해야 하나요?"

유튜브 강의를 시작한 이래 빠지지 않고 등장하는 단골 질문이다. 그럴 때마다 성공의 기준이 사람마다 다르기 때문에 무엇을 성공한 것으로 보는지부터 질문자에게 다시 질문한다. 대개는 '높은 구독자 수'와 '높은 조회수'를 기록하는 것이 성공이라는 대답이 되돌아온다. 눈에 보이는 높은 수치를 기록하는 것이 곧 실적으로 평가받는 마케팅 강의에서는 이 대답이 현실적이긴 하다.

하지만 크리에이터 양성 과정에서는 왜 높은 구독자 수와 조회수를 기록하는 것이 정말로 성공인지 다시 물어야 한다. '높은 구독자 수와 조회수를 통한 높은 광고 수익'인지, '누구나 다 알아보는 인지도'인지, '특정 분야에 끼치는 영향력'인지 말이다. 무엇이 성공하는 것인지, 성공에 대한 자신만의 또렷한 기준을 세워야 성공을 향한 구체적인 설계도를 그릴 수 있으므로.

유튜브 전문가로 활동하는 내 입장에서 성공의 기준을 묻는다면, '유튜브의 가치와 부합하는 정도'를 말하고 싶다. 유튜브가 밝힌 유튜브의 네 가지 가치는 누구나 자신의 목소리를 낼 '표현의 자유', 누구나 정보에 공개적으로 손쉽게 접근할 수 있는 '정보의 자유', 누구나 자신을 알리고 나름의 방식으로 일하며 성공할 기회가 주어질 '기회의 자유' 그리고 누구나 경계를 넘어 공통의 관심사로 하나되는 '소속의 자유'이다.

따라서 '하고자 하는 이야기를 분명하게 전달하는 콘텐츠를 제작하여 시청자들과 소통하며 스스로를 알리는 창작자'라면 성공한 유튜브 크리에이터라 할 수 있겠다. 즉, 자신이 콘텐츠인 사람이다. 이는 캐릭터가 강한, 개성이 뚜렷한 크리에이터가 아님을 밝혀둔다. 스스로 어떤 것을 보여줄지 아는 사람들, 효과적으로 표현할 방법을 아는 사람들을 말한다.

이렇게 기준을 잡으면 성공한 크리에이터가 꽤나 많을 것 같지만 꼭 그렇지만도 않다. 꾸준한 업로드나 조회수, 구독자 수처럼 수치로 판단할 수 있는 게 아니기 때문에 콘텐츠를 통해, 혹은 채널 및 그 외 활동을 통해 크리에이터의 기획 의도를 읽어내야 가능할 수 있다. 유튜브를 통해 채널 브랜딩이 확고하게 되었는지도 다양한 관점에서 살펴야 하고 댓글이나 커뮤니티, SNS 활동을 통해 구독자들과 나누는 소통의 양과 질도 확인해야 한다.

자신이 곧 콘텐츠가 되는 사람들

이해를 돕고자 성공한 크리에이터로 여겨지는 사례를 소개한다. 이들은 모두 유튜브랩이 강사로 참여한 유튜브 강의에서 만난 크리에이터로, 그들이 어떤 채널을 만들고자 하는지 수업을 통해 이야기를 들어 기획 의도를 명확히 이해하고 있다. 또한 크리에이터들의 다양한 활동을 통해 채널과 관계된 이야기를 들을 기회가 충분했기 때문에 성공한 크리에이터로 나름의 판단을 내렸다.

① 안지현TV : 건강 정보 전달 채널

의학 박사이자 언론학 석사인 안지현은, 내과 의사면서 의학 칼럼니스트, 작가로 활발하게 활동하고 있다. 여러 일을 동시에 해내면서도 유튜브 콘텐츠 업로드 또한 열심이다. 방송에 나가 호르몬계 질환인 쿠싱증후군에 대해 흘러가듯 언급한 적이 있는데, 그 방송을 보고 질환을 의심하여 내원했다는 시청자의 이야기를 들은 후 유튜브를 통해 의학 정보를 더욱 알려야겠다는 생각을 했다고 한다. 질병관리본부, 대한운동사협회 등 기관과 학교, 기업, 방송에서 이미 수백 차례 강의한 경험이 있어 유튜브에서도 의학 정보를 쉽고 간략하면서도 재미있게 전한다.

② 새벽달 : 아이 외국어 교육 채널

『아이 마음을 읽는 단어』, 『엄마표 영어 17년 실전노트』, 『엄마표 영어 17년 보고서』를 쓴 남수진 작가는 '새벽달'이라는 이름으로 채널을 운영하고 있다. 영어 독학 채널이면서 영어 그림책, 중국어 그림책으로 외국어 공부를 돕고, 아이 교육에 관한 통찰력도 얻을 수 있는 채널로 엄마 시청자들의 지지가 뜨거운 채널이다. 조곤조곤한 목소리와 깊이 있는 내용을 담아내 콘텐츠 자체로도 훌륭하지만, 인스타그램과 클럽하우스 등 SNS에서도 활발히 활동하며 구독자들과 적극 소통하고 있다.

③ 천생연두 : 동갑내기 커플 연애 채널

'천생연두'는 동갑내기 커플이 운영하는 일상 채널로, 귀엽고 솔직한 매력이 돋보인다. 사랑하는 연인의 모습을 남기고 싶은 마음과 추억을 영상으로 남겨 간직하고 싶은 마음으로 채널을 시작했다고 한다. 함께 만든 영상을 다른 사람들과 공유하면서, 구독자들과 랜선 친목을 쌓는 것에 즐거움을 느끼고 있다는 그들은 자신들만이 보여줄 수 있는 알콩달콩한 에피소드나, 서로를 짓궂게 놀리는 모습을 담은 영상들을 통해 대리 만족과 웃음을 전달하고 있다. 이들 또한 Q&A 영상과 커뮤니티를 통해 국내외 시청자들과 활발히 소통하고 있다.

효율적인 아이디어 회의 방법이 있을까?

유튜브 채널을 6개월만 운영해보면 기획, 촬영, 편집, 업로드 중 가장 어려운 것이 기획임을 뼈저리게 느끼게 된다. 이런 게 창작의 고통인가 보다! 싶은 심정을 더 일찍 느끼거나 더 늦게 느끼는 사람은 있어도 아예 느끼지 않는 사람은 드물다.

기획의 바탕에는 콘텐츠 아이디어가 있어야 한다. 아이디어가 바닥나면 유튜브 업로드는 점점 더 늦어진다. 각자 콘텐츠를 제작하는 유튜브랩의 경우에도 아이디어 회의는 필수다. 어떤 소재로 촬영을 하는 게 좋을지, 최근 크리에이터들의 고민은 무엇인지, 새로 변한 유튜브 커뮤니티 가이드는 무엇인지, 혹시 촬영할 콘텐츠가 겹치지는 않는지, 누가 어떤 콘텐츠를 담당할 것인지…. 이렇게 대체로 콘텐츠 아이디어를 점검하는 형태로 이뤄진다.

상대방의 콘텐츠 속 논리가 비약적이라고 판단하거나 조사가 더 필요하다고 판단하면 해당 콘텐츠는 바로 제작을 연기한다. 완전한 정보라는 확신이 들기 전에는 보류한다. 대신 이전에 짜 놓은 괜찮은 기획부터 촬영에 들어간다. 이미 촬영을 했더라도 콘텐츠에 변경 사항이 있으면 속이 쓰려도 과감히 포기한다. 1년을 넘게 조사한 내용이라도 상황이 변했다면 가차 없이 버려야 한다. 편집이 이미 끝난 콘텐츠라도 조금이라도 시청자들에게 혼란을 줄 것 같으면 절대 업로드하지 않는다. 신뢰할 수 있는 채널을 만들어 나간다는 것이 유튜브랩의 신념이기 때문이다. 크게 보면 유튜브 채널 운영은 이 과정을 계속 반복하는 것일 뿐일지도 모르겠다.

　대체로 회의는 잘 진행되지만 그렇지 않을 때도 있다. 이럴 땐 나와 박 대표 말고 더 많은 인원이 머리를 맞대면 좋겠다는 생각도 한다. 하지만 당장 그럴 수 없으니 아이디어를 얻기 위해 '관점 변화 브레인스토밍'을 사용한다. 유튜브 크리에이터는 기획자이면서, 촬영자이면서, 편집자이고, 매니저다. 여기에 교육 크리에이터들은 자료 수집자와 검수자가 더해진다. 사람은 한 명이지만, 브레인스토밍한 아이디어를 다양한 역할의 관점별로 재검토하는 방식을 나는 '관점 변화 브레인스토밍'이라고 부른다. 글로만 보는 것보다 실제로 브레인스토밍을 통해 아이디어를 선별하고 발전시켜 나가는 과정을 한눈에 살필 수 있도록 정리해 보았다. '초보 크리에이터를 위한 유튜브 교육 콘텐츠'를 기획해나간 과정이다. 적은 인원으로 효율적인 회의를 진행할 때 유용하다.

관점 변화 브레인스토밍

① 기본 브레인스토밍으로 뽑은 아이디어

처음에는 포스트잇 한 장에 아이디어 하나씩, 떠오르는 대로 쓴다. 이 단계에서는 최대한 많은 아이디어를 확보하는 것이 중요하다.

유튜브 수익 공개	유튜브 알고리즘	유튜브 시작하기	유튜브 콘텐츠 트렌드 변화	파이널컷 (Final CUT) 편집
유튜브 콘텐츠 추천	콘텐츠 기획서 쓰기	유튜브 시작 전에 꼭 알아야 할 것	1년에 300건 유튜브 강의 후 느낀 점	무비메이커 편집
유튜브 콘텐츠 기획하기	유튜브 제작 시간 단축하기	공부 없이 유튜브 하기	1일 1영상의 신화	유튜브 영상 편집 어플 빌로(VLLO)의 모든 것
콘텐츠 아이디어 얻는 법	영상 스토리보드 짜기	브이로그 촬영법	잘 쓴 제목 하나 열 영상 안 부럽다 (메타데이터)	다빈치 리졸브 (Davinci Resolve)로 편집하기
유튜브로 월 천만 원 벌기	유튜브 스튜디오 분석	구독자 늘리는 법	썸네일 디자인	편집 스타일 트렌드 점검

② 기획자의 시선으로 본 아이디어

기획자가 보기에 괜찮은 아이디어만 남긴다. 기획자는 모든 아이디어가 소중해서, 아이디어를 버리는 일이 고통스러울 수도 있다. 하지만 그 아이디어는 나중에 다시 쓰일 수도 있으니 너무 아쉬워 말고 지금 바로 제작할 콘텐츠를 위한 아이디어만을 남기는 게 포인트다.

유튜브 수익 공개	유튜브 알고리즘	유튜브 시작하기	유튜브 콘텐츠 트렌드 변화	파이널컷 [Final CUT] 편집
유튜브 콘텐츠 추천	콘텐츠 기획서 쓰기	유튜브 시작 전에 꼭 알아야 할 것	1년에 300건 유튜브 강의 후 느낀 점	무비메이커 편집
유튜브 콘텐츠 기획하기	유튜브 제작 시간 단축하기	공부 없이 유튜브 하기	1일 1영상의 신화	유튜브 영상 편집 어플 빌로[VLLO]의 모든 것
콘텐츠 아이디어 얻는 법	영상 스토리보드 짜기	브이로그 촬영법	잘 쓴 제목 하나 열 영상 안 부럽다 (메타데이터)	다빈치 리졸브 [Davinci Resolve]로 편집하기
유튜브로 월 천만 원 벌기	유튜브 스튜디오 분석	구독자 늘리는 법	썸네일 디자인	편집 스타일 트렌드 점검

③ 촬영자의 시선으로 본 아이디어

골라낸 아이디어 중 촬영자의 입장에서 보고, 거기서 다시 추린다. 촬영이 까다롭거나, 시간이 오래 걸릴 것으로 예상되는 아이디어를 제거한다.

유튜브 수익 공개	유튜브 알고리즘	유튜브 시작하기	유튜브 콘텐츠 트렌드 변화	파이널컷 [Final CUT] 편집
유튜브 콘텐츠 추천	콘텐츠 기획서 쓰기	유튜브 시작 전에 꼭 알아야 할 것	1년에 300건 유튜브 강의 후 느낀 점	무비메이커 편집
유튜브 콘텐츠 기획하기	유튜브 제작 시간 단축하기	공부 없이 유튜브 하기	1일 1영상의 신화	유튜브 영상 편집 어플 빌로[VLLO]의 모든 것
콘텐츠 아이디어 얻는 법	영상 스토리보드 짜기	브이로그 촬영법	잘 쓴 제목 하나 열 영상 안 부럽다 (메타데이터)	다빈치 리졸브 [Davinci Resolve]로 편집하기
유튜브로 월 천만 원 벌기	유튜브 스튜디오 분석	구독자 늘리는 법	썸네일 디자인	편집 스타일 트렌드 점검

④ 편집자의 시선으로 본 아이디어

　　편집자의 관점은 고려해야 할 점이 가장 많기 때문에 시간이 걸린다. 유튜브의 트렌드와 시의성에 맞으면서도, 당장 찍을 수 있으면서 편집이 복잡하지 않고 오래 걸리지 않을 것으로 예상되는 아이디어를 남긴다. 이 과정을 거치고 나면 25개의 아이디어 중에서 단 5개만 남는다.

유튜브 수익 공개	유튜브 알고리즘	**유튜브 시작하기**	유튜브 콘텐츠 트렌드 변화	파이널컷 (Final CUT) 편집
유튜브 콘텐츠 추천	콘텐츠 기획서 쓰기	**유튜브 시작 전에 꼭 알아야 할 것**	1년에 300건 유튜브 강의 후 느낀 점	무비메이커 편집
유튜브 콘텐츠 기획하기	유튜브 제작 시간 단축하기	공부 없이 유튜브 하기	**1일 1영상의 신화**	**유튜브 영상 편집 어플 빌로(VLLO)의 모든 것**
콘텐츠 아이디어 얻는 법	영상 스토리보드 짜기	브이로그 촬영법	잘 쓴 제목 하나 열 영상 안 부럽다 (메타데이터)	다빈치 리졸브 (Davinci Resolve)로 편집하기
유튜브로 월 천만 원 벌기	유튜브 스튜디오 분석	구독자 늘리는 법	썸네일 디자인	편집 스타일 트렌드 점검

⑤ 매니저의 시선으로 본 아이디어

여기까지 오케이를 받으면 매니저가 영상 업로드에 필요한 데이터를 점검한다. 영상 속성 정보는 구체적으로 어떻게 정할지, 지금 올리는 게 최선인지 확인한다. 이 과정을 거치면 자료 조사자의 시선을 통해 자료 수집이 쉬워 보이는 아이디어순으로 정렬한다.

콘텐츠 아이디어 얻는 법	콘텐츠 아이디어	채널 콘셉트	영상 주제, 영상 소재	
유튜브 시작하기	채널 개설하기, 채널 이름 짓기	채널 아트 / 프로필 만들기	촬영하기, 편집하기	업로드 하기, 썸네일 뽑기
1년에 300건 유튜브 강의 후 느낀 점	유튜브랩	유튜브 전문가	유튜브학과 교수	유튜브 컨트리뷰터
1일 1영상의 신화	30일 챌린지	100일 챌린지	구독자 모으기	조회수 올리기
유튜브 영상 편집 어플 빌로[VLLO]의 모든 것	동영상 편집 꿀팁	구독까지 이어지는 영업 비밀	영상에서 못 나가는 오프닝 만들기	

이후에 콘텐츠를 제작에 필요한 자료 수집이 끝나면 검토자가 최종 확인을 한다. 이제 촬영 단계로 넘어가기 직전이다. 혼자서 6인분의 회의를 마치고 나면 혼이 빠져나가는 기분이다. 이때 쉴 겸 좋아하는 유튜브 채널 영상이나 책을 본다. 들어오는 것이 있어야 나가는 것이 생기기에 콘텐츠는 장르를 가리지 않고 보려 노력한다. 유튜브와 책을 선호하지만 영화, 웹툰도 인기 있는 것은 빠지지 않고 챙겨본다. 뉴스도 좋은 아이디어 원천이기 때문에 틈틈이 살핀다. 괜찮은 기사는 카카오톡 나와의 채팅에 보내둔다.

좋은 아이디어를 위해서는 유튜브와 직접적인 관련이 없어도 사람들이 관심 있어 하는 주제에 촉각을 곤두세우는 게 좋다. 괜찮은 소재가 있으면 바로바로 메모한다. 그리고 그 메모들을 다시 정리하며 꼬박꼬박 자료 업데이트만 해도 새벽 한두 시를 넘기기 일쑤다.

피곤하긴 하지만 이 과정이 즐겁다. 슬럼프가 왔을 때도 영상 아이디어는 계속해서 쌓아 두었다. 내가 봐도 잘 쓴 기획서를 보면 안 먹어도 배가 부를 정도다. 이런 기획은 유튜브랩 콘텐츠 제작에만 도움이 되는 것이 아니라 다른 콘텐츠 제작에도 도움을 줄 수 있으니 그렇다. 아이디어는 늘 확장이 가능하니까. 특히 컨설팅을 할 때 해당 채널에 알맞은 조언을 하기 좋다.

매일매일 강의가 있어도 무섭지 않은 이유도 이렇게 꾸준히 아이디어를 모아둔 덕이다. 새로운 정보 업데이트가 안 될 수가

없는 상황이니 가장 따끈따끈한 정보를 전달할 수 있고 교안도
최신 버전을 유지할 수 있다. 돌발 질문이 들어와도 당황하지 않
고 명쾌하게 답변을 할 수 있으니 일석삼조다.

어떤 콘텐츠를 기획해야 성공할까?

앞서 성공한 크리에이터를 '하고자 하는 이야기를 분명하게 전달하는 콘텐츠를 제작해 시청자들과 소통하며 스스로를 알리는 창작자'로 정의했다. 그러니 성공한 크리에이터가 되려면 일단 가장 첫 단계는 '내가 하고 싶은 이야기'를 찾는 것이다. 첫 수업을 진행할 때 어떤 영상을 찍을 것인지, 영상의 소재에 대해 대략적으로라도 반드시 알려달라고 한다. 명확한 장르나 주제가 나오지 않아도 괜찮다. 수업을 통해 찾아가면 되니까. 소기 목적 없이 가벼운 마음으로 유튜브를 시작하겠다고 찾아온 수강생들에게는 다음과 같은 질문을 통해 소재를 구체화하려고 애쓴다. 반드시 하고 싶은 이야기가 있어야 기획으로 넘어갈 수 있다.

하고 싶은 이야기를 찾는 두 가지 질문

① 최근에 무엇에 대해 이야기할 때 가장 즐거웠나요?

이 짧은 질문은 콘텐츠 소재를 뽑아내기 위한 가장 좋은 시작이다. 먼저 '최근'이라는 키워드에 주목해보자. 유튜브는 빠르게 변화하는 속성을 지니고 있다. 자신의 최근 관심사가 무엇인지 알게 되면 시의성 있는 콘텐츠 소재를 고르는 데 도움이 된다. 무슨 대화인지 묻는 것은 직접적인 콘텐츠 소재에 대한 정보처럼 보일 수 있다. 그렇지만 그렇게 묻고 싶었다면 '최근에 무엇에 관심 있었는가?'를 물어도 된다. 하지만 '대화'는 상대가 있어야 한다. 질문자에게 상대를 밝히지 않더라도, 이렇게 물으면 누구와 이야기를 나누었는지 답변자 본인은 떠올릴 것이다. 누구에 해당하는 사람이 내 채널의 시청자가 되고, 당시의 분위기는 배경화면이나 스튜디오의 분위기를 결정하는 데 참고할 수 있다. 대화의 주제는 소재가 구체화된 형태일 수 있어서 무슨 대화인지 알게 되면 그보다 범위를 넓히는 형태로 소재를 고르는 데 도움이 된다.

대화를 할 때 즐거웠는지는 콘텐츠 제작을 꾸준히, 계속할 수 있을지에 대한 힌트가 된다. 아무리 인기를 끌 수 있는 콘텐츠 소재라 할지라도 내가 즐겁지 않으면 주기적으로 콘텐츠를 생산하기 어렵다. 이렇게 첫 번째 질문에 대한 답을 곰곰 생각해보면 자신이 이야기하고 싶은 소재를 고르기가 수월해진다.

② 당신의 인생작은 무엇인가요?

꼭 유튜브가 아니어도 괜찮다. 놀랍게도 수강생들 중에 유튜브를 많이 안 보는 사람들도 제법 많다. 가급적 유튜브나 영화, TV 프로그램 같은 영상 매체를 선택하면 좋지만 아니어도 괜찮다. 책이나 기사, 팟캐스트, 게임, 만화, 웹툰, 웹소설 무엇이라도 좋으니 작품명과 왜 그 작품이 좋았는지에 대해 설명해보자. 크리에이터들은 '잘하는 것'과 '좋아하는 것' 중에 꼭 무엇 하나를 골라야 한다고 생각해 깊게 고민한다. 하지만 잘한다는 것의 기준이 모호하기도 하고, 결국 좋아하는 것이 잘하는 것이 될 가능성이 높기에 깊게 고민할 필요가 없다. 또한 유튜브라는 게 단기간에 승부를 보는 것이 아니기 때문에 그 과정도 즐겁기를 바라는 마음에서 좋아하는 것을 고르라고 추천하는 편이었다.

하지만 이렇게 조언을 해도 선뜻 콘텐츠 소재를 고르지 못하는 수강생들이 있는 것을 보고 의아했던 적이 몇 번 있었다. 조심스레 다가가 물었더니 이런 답이 돌아왔다. "내가 좋아하는 것이 무엇인지 몰라 고민이에요." 이 말을 듣고서 무릎을 쳤다. 본인이 좋아하는 것이 무엇인지 생각해볼 시간이 없었던 사람들에게는 본인의 취향을 찾는 것부터가 창작의 시작이었던 것이다. 이 깨달음을 얻은 후부터는 꼭 두 번째 질문을 하고나면 그 답을 본인도 기록해두기를 당부한다. 그 질문과 답을 나침반 삼아 콘텐츠 소재 선정에 활용할 수 있게 조언한다.

소재 발굴의 과정

질문만으로 부족하다면 다음과 같은 소재 발굴의 과정을 참고하자. 대부분의 소재는 내가 이미 알고 있는 이야기에서 출발한다. 아는 이야기라면 나의 경험인지 혹은 다른 사람의 경험인지도 고려해야 한다. 생생함을 전달하고 싶다면 전자가 좋겠지만 후자라도 나와 가까운 사람이거나 관련이 있는 사람이라면 충분히 생동감 있는 소재로 활용될 수 있다.

만약 이야기가 딱히 떠오르지 않았거나 고갈됐다고 느낀다면 요즘 사람들이 주목하는 이슈를 활용하는 것도 좋다. 이런 이슈는 사람들이 쉽게 흥미로워하겠지만 그 반응이 긍정적일지 부정적일지에 대해서도 미리 예상해 보는 것이 좋다. 또한 지금 뜨거운 이슈를 다룰 경우에는 관련 정보가 정확한지 꼭 꼼꼼하게 확인해야 한다.

소설이나 연극 등 다른 형태의 원작을 바탕으로 콘텐츠를 제작할 수도 있다. 원작자의 허가를 받고 2차적 콘텐츠를 제작한다면 더욱 탄탄한 구성을 토대로 영상을 완성시킬 수 있다. 하지만 마찬가지로 면밀한 조사가 뒤따라야 한다.

▶ 소재 발굴의 과정

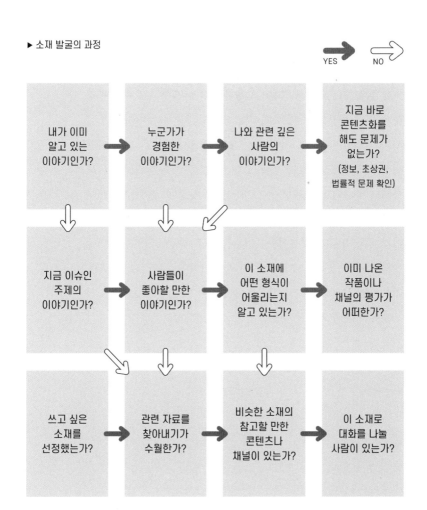

신선하면서 새로운 콘텐츠를 만들기 위한
아이디어 발굴 체크리스트

유튜브 소재를 찾은 다음 그 소재를 더욱 신선하고 새롭게 다룰 방법을 찾으면 기획 아이디어가 탄생한다. 아이디어를 발굴하는 방법은 무궁무진하지만 내가 주로 활용하는 방법은 다음 페이지의 체크리스트다. 찾은 소재를 체크리스트의 질문에 따라 아이디어 칸에 정리해보자. 소재 하나를 두고 아래 질문에 모두 답을 할 필요는 없다. 질문 중 다섯 개 정도를 골라 답을 하며 아이디어를 내보자. 체크리스트의 질문에 따라 정리를 하는 과정에서 하나의 소재를 수십 개의 기획 아이디어로 확장할 수 있다. 떡볶이를 소재로 제시된 예시를 참고하여 나만의 소재로 체크리스트에 빈칸을 채워보자.

▶ 아이디어 발굴하기 체크리스트 (예시: 소재- 떡볶이)

아이디어 발굴을 위한 질문	아이디어
속성을 모두 열거해보자.	빨갛다, 먹음직스럽다, 윤기 난다, 달다, 매콤하다, 맵기 조절이 가능하다, 소울푸드, 프랜차이즈, 가격이 비싸진다, 다이어트의 적, 밀떡, 쌀떡, 어묵, 순대, 튀김, 쿨피스, 계란, 다양한 조리법이 있다, 배달이 가능하다, 누구나 간단하게 만들 수 있다, 기름 떡볶이, 로제 떡볶이
나열한 속성을 카테고리별로 나눠보자.	외견 : 빨갛다, 먹음직스럽다, 윤기 난다 맛 : 달다, 매콤하다, 맵다, 맵기 조절 가능하다 먹는 사람 : 학생, 한국인, 외국인, 연령별 특징 : 소울푸드, 누구나 간단하게 만들 수 있다, 　　　가격이 비싸진다, 다이어트의 적, 배달이 가능하다 잘 어울리는 음식: 어묵, 계란, 순대, 튀김, 쿨피스 종류 : 밀떡, 쌀떡, 기름 떡볶이, 로제 떡볶이,
기존의 것을 바꿔보자.	파란 떡볶이 만들기, 떡볶이를 모르는 외국인에게 떡볶이 만들게 하기, 맵기 랜덤 떡볶이, 세상에서 가장 비싼 떡볶이, 세상에서 가장 싼 떡볶이
거꾸로 혹은 반대로 해보자.	모든 음식에 떡볶이 양념 넣어 먹기, 떡볶이를 얼려서 먹으면?, 와플 기계에 떡볶이 넣기, 에어프라이어에 떡볶이 튀기기, 연예인이 추천하는 떡볶이 맛집, 떡볶이 랜덤 배달하기
클리셰를 비틀어보자.	떡볶이를 누가 더 맛있게 만들 수 있는지 대결하기, 떡볶이와 절대 안 어울리는 음식 찾기, 하루 세 끼 떡볶이 먹기, 다이어트 떡볶이 만들기

▶ 아이디어 발굴하기 체크리스트

아이디어 발굴을 위한 질문	아이디어
속성을 모두 열거해보자.	
나열한 속성을 카테고리별로 나눠보자.	
더 나눌 수 없을 정도로 세분화해보자.	
다른 것을 더해보자.	
기존의 것을 빼보자.	
기존의 것을 바꿔보자.	

아이디어 발굴을 위한 질문	아이디어
다른 아이디어와 강제로 연결을 지어보자.	
다른 것으로 대체해보자.	
새로운 상황, 용도에 적용시켜보자.	
거꾸로 혹은 반대로 해보자.	
다른 가치를 찾을 수 있는지 확인해보자.	
클리셰를 비틀어보자.	
객관적인 정보, 뉴스, 데이터 중심으로 접근해보자.	

아이디어 발굴을 위한 질문	아이디어
직관, 감정, 본능에 따라 접근해보자	
비싸게 팔려면 어떻게 해야 할지 생각해보자.	
한정판으로 팔려면 어떻게 해야 할지 생각해보자	
무조건 부정적으로 접근해보자.	
무조건 긍정적으로 접근해보자.	
기존에 없는 것만으로 접근해보자.	
전문가들은 어떻게 생각할지 자료를 찾아보자.	

아이디어 발굴을 위한 질문	아이디어
인터뷰 형식으로 접근해보자.	
일반적인 인식에 대해 알아보자.	
경험과 느낀 점을 적어보자.	
문제점과 개선점을 적어보자.	
빠르게/느리게 바꿔보자.	
편리하게/불편하게 바꿔보자.	
다른 표현으로 바꿔보자.	

진부한 기획이 새로워지는 방법이 있을까?
: 콘텐츠 기획의 사칙연산

"이렇게 만들면 될 것 같은데…. 진짜 잘 될까?" 싶을 때, "끝내주는 아이디어가 있는데 막상 찍으려니 어떤 것부터 찍어야 하지?" 싶어 막막할 때, "내 소재랑 주제는 좋은 것 같은데 사람들이 내 영상을 잘 몰라주는 것 같아" 싶어 답답할 때 유튜브 콘텐츠를 만드는 사칙연산을 기억하자!

우리나라 사람들이 수학에 강하다는 사실은 익히 들어보았을 것이다. 여기에 착안하여 아이디어에 신선함을 더해줄 콘텐츠 사칙연산 기법을 준비해보았다. 이미 잘하는 것이기 때문에 분명 잘 해낼 것이다!

더하기 :
중심 주제와 주변의 소재를 더하면 신선한 기획이 나온다

유튜브 중심 주제에 내 주변의 문제를 더해보자. 하루에 만나는 새로운 이야기는 굉장히 많다. 뉴스에서도, SNS에 올라온 글이나 사진에서도, 가족들이나 친구들과의 대화 속에서도, 수많은 화제들을 만날 수 있다. 거기서 내가 관심을 가졌던 부분이 있다면 그걸 내 중심 주제에 더해보자. 내 중심 주제와 밀접하지 않아 보이는 것들을 결합하면 이전에 볼 수 없었던 신선한 조합이 나온다. 더하기를 통해 콘텐츠를 기획하는 작업을 자주하면 자신만의 독특한 시각을 지니게 된다. 더하기 연습을 자주 한 크리에이터들은 숨을 쉬듯 콘텐츠 아이디어를 떠올릴 수 있게 되어서 제일 추천하는 방법이다. 예를 들어 유튜브랩은 유튜브라는 중심 주제를 가지고 있다. 여기에 스포츠 기사, 봉사 관련 이슈, 정리와 관련된 트렌드를 더하는 식으로 나온 콘텐츠는 다음과 같다.

▶ 중심 주제와 주변 소재를 더하여 만든 유튜브랩 영상 사례

1 유튜브(중심 주제) + 스포츠(주변 소재)	
영상 제목	평창올림픽을 유튜버들은 어떻게 바라볼 수 있을까?
기획 배경	평창올림픽이 한창이던 시기, 올림픽 종목을 콘텐츠 소재로 활용한다면 시의성 있는 콘텐츠를 제작할 수 있음을 알려주는 강의 콘텐츠 영상을 기획했다.

2	
유튜브(중심 주제) + 봉사(주변 소재)	
영상 제목	조회수와 구독자 수는 늘 제자리걸음. 나 유튜브 그만할까?
기획 배경	주거 상향을 돕는 쪽방 상담소의 소장님께 어떤 분이 '밑 빠진 독에 물 붓기'라며 도움을 주는 것이 쓸모없다는 투로 비아냥대는 말에 "콩나물 시루도 구멍이 있지만 거기에 물을 부으면 콩나물이 자란다"고 답변을 했다는 일화를 유튜브에 대입했다. 조회수도 구독자 수도 오르지 않는 크리에이터들에게 지금 콘텐츠를 꾸준히 업로드하는 일은 밑 빠진 독에 물을 붓는 것이 아니라 콩나물이 자라는 시루에 물을 붓는 의미 있는 일이라고 말해주는 강의 영상을 기획했다.

3	
유튜브(중심 주제) + 정리(주변 소재)	
영상 제목	우리가 반드시 버려야 할 것들, 크리에이터에게 진짜 필요한 '정리의 기술'
기획 배경	곤도 마리에의 『설레지 않으면 버려라』를 읽고 그 내용을 유튜브에 적용했다. '만들어둔 기획을 보고 더 이상 설레지 않으면 그 기획은 버려야 한다'는 메시지를 전하고 싶었다. 계절과 유행이 바뀌면 무용지물이 되는 옷처럼 트렌드와 시의성, 유행이 지난 기획은 과감히 정리하고 미련을 버려야 한다는 구체적인 조언이 담긴 강의 영상을 기획했다.

○
빼기 :
완벽해야 한다는 강박을 빼면 오히려 좋은 콘텐츠가 나온다

완벽한 콘텐츠를 만들겠다는 생각을 빼보자. 대충 만들라는 이야기가 아니다. 내가 담으려고 하는 것의 70%만 담자. 그게 기획이든, 촬영이든, 편집이든, 나머지 30%의 에너지는 독자에게 빠르게 반응하는 데 활용하자. 시의성이 있는 콘텐츠가 유튜브에서 어떤 힘을 지니고 있는지는 잘 알고 있을 것이다. 잘 만든 콘텐츠가 채널의 성장을 불러온다는 점에서는 어떠한 크리에이터나 전문가들도 이견을 내비치지 않는다. 그런데 잘 만든 콘텐츠가 꼭 완벽한 콘텐츠는 아니라는 것을 기억하길 바란다.

이해를 돕기 위해 빼기 기법으로 유튜브랩이 기획했던 영상을 한번 보자. 유튜브랩에서 알고리즘을 소재로 기획한 '유튜브 알고리즘 구독자 100명 버프의 진실, 일정 구독자 수가 되면 노출 수가 증가한다?'라는 제목의 영상이 있다. 유튜브 크리에이터들의 큰 오해 중 하나가 알고리즘과 관련된 이야기다. 물론 알고리즘의 기본 원리를 이해하는 것은 유튜브 크리에이터들에게 큰 도움이 된다. 하지만 알고리즘, 소위 말하는 유튜브 신을 영접하기만 하면 무조건 영상이 떡상하는 것은 아니다. 이 오해를 불식시키기 위해서는 알고리즘의 개념, 알고리즘이 콘텐츠를 추천하는 방식과 플랫폼에서 알고리즘이 적용되는 방식을 꽤나 복잡하게 설명해야 한다. 알고리즘은 구현 기법에 따라 세부적으로 분류할 수 있다. 하지만 알고리즘을 전부 설명하는 것은 영상 기획 방향을 흐린다고 생각했기 때문에 부수적인 설명은 구독자들이 가장 궁금해할 만한 핵심 주제만 남기고 빼버렸다. 그리고 사람들이 제일 궁금해하는 단편적인 이야기부터 영상으로 찍기로 했다. 특히 시청자들은 "그래서 알고리즘이 내 영상을 좋은 영상으로 판단하게 하는 방법은?" 하고 영상의 주제를 직설적으로 묻게 된다. 따라서 모든 부분을 설명하는 대신 사람들이 가장 궁금해하는 질문의 답을 중심으로 콘텐츠를 제작했다. 이렇게 콘텐츠를 기획하니, 알고리즘에 대한 사람들의 궁금증을 단번에 해결할 수 있었다.

알고리즘을 설명해준다는 영상들이 좋은 반응을 얻어서, 많은 크리에이터들이 알고리즘 설명 영상을 찍는 것도 사실이다. 하지만 유튜브랩에서는 알고리즘은 결국 시청자를 따라간다고 결론 내렸기 때문에 알고리즘보다 시청자를 생각하고, 분석하는 것이 중요하다고 말해왔다. 교육 콘텐츠를 제작하는 입장에서 조회수만을 바라보고 알고리즘 콘텐츠를 뽑아내는 것은 기존의 가치관을 흔들고, 사람들이 '알고리즘만 중요하다'고 맹신하게 만들 수도 있겠다는 생각이 들었다.

5분짜리 교육 콘텐츠 영상을 기획한다고 생각해보자. 5분 내내 집중해서 영상을 보는 시청자가 몇 명이나 될까? 복잡한 설명을 시청자가 전부 시청하게끔 만들기는 어렵다. 시청자를 무시해서가 아니다. 유튜브는 편하게 보는 플랫폼이다. 물론 공부하는 자세로 임하는 사람들도 많지만 대체로 침대나 소파에서, 혹은 대중교통을 이용하면서 시청한다. 따라서 핵심이 아니면 전달력이 떨어진다는 점을 인지해야 한다. 100% 완벽하진 않아도 영상 콘텐츠를 제작하는 목적에 제대로 부합하는 콘텐츠가 더 사랑받는다는 점을 기억하자.

나누기 :
꼼꼼히 나누고 뜯어 보면 보이는 것들

내 영상에 '왜?'라는 질문을 던져보자. 더하기와 빼기 기법이 콘텐츠 소재와 내용과 관계가 있다면 나누기 편집 과정에서 자주 쓰이는데 콘텐츠의 포맷과 디테일을 잡는 데 많은 도움이 된다. 이때만큼은 우리는 '물음표 빌런'이 되어야 한다. '왜?'라는 질문으로 어떻게 포맷과 디테일을 만들어 나가는지 예시를 통해 살펴보자.

영상의 디테일을 잡는 질문들

1차 편집이 끝난 영상
'2021년 새해 다짐, 12월까지 잘 지키는 방법'이라는 제목의 자기계발 콘텐츠 영상이다. 길이는 5분 남짓, 앞에 10초 정도 되는 인트로가 삽입된 상태다.

Q. 인트로를 넣은 이유가 뭐지?

A. 이야기만 전달하는 영상은 심심할 것 같았고 10초 정도 인트로를 넣으면 덜 밋밋
할 것 같았다.

Q. 왜 이 화면을 인트로로 10초나 삽입했지?

A. 새해 첫 시작과 겨울의 느낌을 살리면 좋을 것 같았고, 영상이 예뻐 보였다.

Q. 어떤 부분이 예뻐 보였지?

A. 눈이 날리는 모습이 인상적이었다.

Q. 왜 배경음악을 이 음악으로 골랐지?

A. 눈이 날리는 모습을 깨끗하게 느껴지도록 하고, 영상과 잘 어울리는 것 같았다.

Q. 배경음악과 화면이 어울린다고 생각한 이유는 무엇이지?

A. 흰 눈은 깨끗하고 순수하단 느낌을 주어 맑은 글로켄슈필 소리와 잘 어울린다고
생각했다.

Q. 인트로와 배경음악에서 내 취향이 반영됐나?

A. 감성적인 브이로그를 좋아하는 개인적인 내 취향이 반영되었다.

Q. 개인 취향이라면 인트로와 배경음악에 내 철학이 담긴 것인가?

A. 자기계발, 특히 영감을 주는 것! 그것이 내 채널의 철학이라면 이번 인트로는 철학
보다는 그냥 취향을 더 반영하였다.

Q. 인트로를 통해 내 콘텐츠의 주제를 느낄 수 있나?

A. 채널 이름이 나오니까 채널이 무엇인지 알 수 있겠지만 눈과 관련된 콘텐츠가 아니니
콘텐츠의 주제를 모두 드러내고 있지는 못하고 있다.

Q. 인트로에서 이탈이 일어나지는 않을까?

A. 보통 영상이 시작된 지 3초에서 10초 사이에 영상을 볼지 말지 결정할 텐데 자기 계발 메시지와 눈발이 흩날리는 영상은 조금 동떨어져 있는 것 같다. 그러니 인트로 부분에서 이탈이 일어날 수도 있겠다.

Q. 그럼 어떻게 조정하면 좋을까?

A. 인트로를 빼면 바로 본론으로 들어갈 수 있을 듯하다. 만약 인트로를 빼지 않는다면 자막을 통해서 내가 왜 이 영상에 이 인트로를 넣었는지 제대로 설명을 해주어야 할 것 같다. 10초를 3초나 5초로 줄이는 것이 낫겠다.

이렇게 1차 편집을 끝내고는 뾰족한 질문을 통해 영상을 잘게 나누는 연습을 하자. 내 영상을 날카롭게 분석하면 다음엔 콘셉트가 더욱 또렷한, 더 정제된 영상을 만들 수 있다. 나누기는 처음으로 영상을 만드는 크리에이터나 아니면 적어도 30개 이상의 영상을 만든 크리에이터들에게 추천한다. 첫 영상을 만드는 경우엔 포맷과 디테일을 정하는 시기이기 때문에 나누기 방식을 추천하고, 30개 이상의 영상을 만든 크리에이터일 경우에는 본인의 영상에 식상함을 느끼거나 혹은 원하는 만큼 시청자의 반응이 적을 때 활용하면 좋다. 굳이 30개라고 한 이유는, 편집이 익숙하지 않은 초심자들이 나누기 기법을 너무 자주 사용하면 콘텐츠 제작에 시간이 길어지게 되면서 제작에 한계를 느낄 수 있다. 결국 영상 제작에 흥미를 잃어버릴 수 있으니 유의해서 활용하자.

곱하기 :
내 영상에 다른 사람의 피드백을 곱하면 무궁무진한 세계가!

더하기 빼기 나누기를 반복했다면 이젠 곱하기를 할 차례다. 아이디어와 기획의 방향이 마구마구 쏟아지는 방법에 대해 이야기해보자.

콘텐츠와 관련된 어떤 생각이 떠오르면 글이나 사진으로 남겨보자. 메모도 좋고 블로그, 인스타그램이나 페이스북에 올려도 좋다. 영상 콘텐츠 외에 다른 방식으로 표현하자. 그리고 공유하자. 내가 올린 영상 하나에 댓글이 2개 달리면 나는 2개의 견해를 갖게 되는 것이다. 댓글이 10개 달리면 10개의 견해가 된다.

혹시 부끄러워서 생각이나 느낌을 공유하는 게 어렵다면 유튜브나 창작 활동에 관심 있는 사람들과 자주 이야기를 나누기를 바란다. 꼭 오프라인으로 만나지 않아도 괜찮다. 비대면으로 만나도 좋고, 통화를 하는 것도 좋다. 대화뿐만 아니라 만남 그 자체를 준비하면서 얻는 영감이 있다. 내가 생각한 것을 표현하기 위해 일목요연하게 정리하다보면 그 자체로도 크리에이터에게 큰 도움이 된다.

다양한 시각과 통찰력을 늘려나가는 가장 빠르고 쉬운 방법이 바로 이 곱하기 방식이다. 유튜브랩이 2명인 이유도 바로 곱하기가 가능하기 때문이다. 팀 체제라고 해서 모든 콘텐츠가 좋은 것은 아니지만 유튜브랩의 경우에는 가장 알맞은 구성원으로 이뤄졌다고 생각한다. 오프라인 강의에서는 20명에서 50명 정도를 대상으로 강의를 할 때 시너지가 잘 나오는 편이다. 긴 호흡의 강의를 할 때는 반드시 본격적인 강의 전에 유튜브를 하는 목적과 콘텐츠 주제에 대해 발표하는 시간을 가지게 한다. 수강생들끼리 서로의 콘텐츠에 대해 알게 되고, 친밀해지면서 아이디어나 기획 방향에 대해 자주 이야기 하면서 서로 좋은 영향을 끼칠 수 있다고 믿기 때문이다.

자신의 콘텐츠보다 다른 크리에이터의 콘텐츠에 좋은 아이디어가 나오는 경우가 많다. "이렇게 해보는 건 어때요?"라고. 자신에게서 한 발짝 떨어진 시각으로 보기 때문에 아이디어를 쉽게 나눌 수 있다. 꼭 콘텐츠가 아니더라도 좋아하는 책이나 영화나, 유튜브 콘텐츠에 대해서 이야기를 나누는 것도 좋다. 뭐든지 창작과 관련된 이야기를 나누다보면 또 다른 창이 열리듯 아이디어가 샘솟는다. 그래서 수강생들에게 과정이 끝나도 유튜브 스터디나 독서 동아리 등 활동을 추천하며 만남을 계속 이어가길 추천한다.

당신 안에는 이미
무궁무진한 콘텐츠가 잠들어 있다

크리에이터는 창작하는 사람이다. 당신에게 내재된 무한한 창작력을 콘텐츠 기획 사칙연산을 통해 깨우기를 바란다. 기획은 어려운 것이 아니라, 그저 당신 안에 있는 무한한 창작력을 꺼내는 일이다. 다만 지금은 그 꺼내는 방식을 깨우치지 못한 것뿐이다.

기획이 어렵게 느껴지지 않고, 콘텐츠를 제법 잘 만드는데도 반응이 없다면 마음에 여유를 갖고 기다리거나 기획을 점검해 보는 과정이 필요하다. 기획을 단단하게 세웠는데 촬영과 편집이 미숙해 영상을 망칠 수는 있어도, 기획이 망했는데 촬영과 편집으로 살리기 매우 어렵다. 좋은 재료로 요리를 망칠 순 있지만, 썩은 재료로 좋은 요리를 만들 수 없는 이치다. 당신 안의 좋은 기획을 이끌어내자. 거기에 기획을 구체화하는 촬영과 편집이라는 기술이 더해진다면 분명 시청자들의 사랑을 받는 콘텐츠가 나올 것이다.

유튜브 시대에 맞는
콘텐츠 크리에이터가 되려면?

애자일Agile이란, '날렵한, 민첩한' 뜻을 지닌 영어 단어다. 원래는 개발과 출시를 반복하며 시장과 고객에 민첩하게 반응하고, 협업과 소통을 중시하는 소프트웨어 개발 방식을 일컬었다. 하지만 최근에는 소프트웨어 개발 방법론에서 조직문화의 한 형태로 이전보다 확장된 의미로 사용되고 있다. 경영 트렌드 용어로 사용될 때는 완전히 같은 의미는 아니지만 TF팀Task Force, 그러니까 일종의 프로젝트 팀을 떠올리면 쉽다. 애자일은 소규모의 팀을 꾸려 부서나 직급에 얽매이지 않고 실행을 우선시한 다음 외부의 피드백을 지속적으로 반영하여 결과물을 만들어낸다.

애자일 경영 방식을 사용해 온 기업으로는 구글, 마이크로소프트, 애플 등 글로벌 기업이 있다. 우리나라의 LS그룹, 삼성 SDS, 신한금융투자, KB금융그룹, IBK기업은행 등도 애자일 경영 방식을 시도했다. 왜 기업들은 애자일 경영 방식을 활용할까? 먼저 밀레니얼 세대인 인력을 충분하게 활용하기 위해서라고 본다. 기존의 조직 운영체계나 경영 방식을 통해서는 기성세대와 밀레니얼 세대 간의 원활한 소통과 이해가 뒷받침되어야 한다. 이를 위해서는 애자일이 적합한 해결 방식이 될 수 있다는 것.

또 다른 해석으로는 급변하고 모호한 시장에 적응하기 위한 방법이기에 애자일을 활용한다는 의견이 있다. 외부 환경 변화를 인지하고 대응책을 시험하는 과정을 빠르게 반복하며 얻은 데이터를 통해 고객과 시장에 적합한 전략을 수립할 수 있다고 보는 것이다. 그렇다면 애자일 경영 방식은 구체적으로 어떻게 일하는 것일까? 스티븐 데닝과 개리 해멀이 쓴 『애자일, 민첩하고 유연한 조직의 비밀』을 참고하여 애자일 경영 방식을 살펴보자.[38]

애자일 경영 방식

▷ 업무를 작은 단위로 나누어 처리한다.

▷ 업무 마감 기한을 정확하게 지킨다.

▷ 업무의 주기를 설정한 후, 무슨 일을 할지 스스로 결정한다.

▷ 간단한 회의를 통해 진행 상황을 나누고 장애물이 없는지 확인한다.

▷ 누구나 들어와 일의 진척 상황을 확인할 수 있는 정보 현황판을 활용한다.

▷ 업무 주기가 끝날 때마다 피드백을 통해 무엇을 배웠는지 확인하고 다음 업무를 계획할 때 참고한다.

○
기업 경영 방식을 도입한 유튜브 인재되기

애자일이 무엇인지, 효과는 어떠한지, 그래서 누가 쓰는지, 구체적인 방법까지 모두 알아보았다. 그렇다면 크리에이터와 유튜브 시대를 살아가는 사람들에게 왜 애자일이 필요할까? 먼저 크리에이터는 누구보다 민첩하게 시청자들의 반응을 적용한 결과물을 내야 한다. 오랫동안 고민과 고민을 거듭하여 만든 콘텐츠도 가치 있지만 지금 이 순간을 사로잡아야 시청자들의 조회 혹은 구독으로 이어진다. 그래서 트렌드를 민첩하고 빠르게 내 콘텐츠에 적용하기 위해서 애자일이 필요하다.

시청자는 크리에이터가 어떤 기획 의도를 지니고 콘텐츠를 만들었는지 확인하며 콘텐츠를 소비해야 한다. 가짜뉴스와 거짓 정보들 사이에서 좋은 정보를 골라내는 눈을 키우는 가장 좋은 방법이다. 이렇게 하기 위해서는 영상을 보는 주기를 설정한 후 어떤 콘텐츠 소비가 많았고 그 콘텐츠의 내용에 문제가 없는지 확인해야 한다. 그리고 콘텐츠를 소비할 때마다 콘텐츠를 통해 무엇을 배웠는지 확인한다면 더욱 유용한 콘텐츠를 스스로 큐레이션할 수 있게 된다.

또한 애자일은 원활한 제작 과정을 위해서 필요하다. 대체로 크리에이터는 1인 혹은 소규모의 그룹으로 이뤄지는데, 애자일 방식은 적은 인원의 사람들이 효율적으로 일을 하는 데 적합하다. 스스로 일을 정하고, 작은 단위로 처리하고 회의를 통해 활발하게 소통하기 때문이다. 이는 홀로 크리에이터 작업을 할 때도 유용하다. 혼자 기획자, 촬영자, 출연자, 편집자를 다하는 1인 크리에이터는 간혹 그 경계가 모호하여 콘텐츠 욕심을 부리게 되는 일이 잦다.

예를 들어 촬영자일 때의 나는 더 아름답고 더 다양한 구도의 추가 영상 자료B-roll 영상을 많이 확보해두고 싶다. 출연자로서 나는 좀 더 정확하게 발음하고 유려하게 문장을 구사하기 위해 2번 정도 다시 촬영하면 좋겠다. 편집자로서 나는 촬영물의 길이가 짧기만을 바란다. 이렇게, 한 명이지만 이런 여러 가지 욕심이 있을 때 각 역할을 담당한 나와의 회의가 절실하다. 그럼 머릿속에 원탁을 두고 각 역할자들이 이야기를 하다보면 명확하게 다음 단계가 그려질 때가 많다. 질 높은 피드백이 콘텐츠와 채널 성장을 이끌기 때문이다.

크리에이터들은 늘 타인에게 '평가 받는' 직업이다. 누군가가 누군가를 평가한다는 것이 썩 내키지는 않지만, 사실은 그러하다. 구독자 수로, 조회수로, 댓글로 늘 평가를 받는다. 가끔은 이 평가들이 크리에이터들의 마음을 너절하게 난도질하기도 하지만 이 평가들을 통해 더 나은 콘텐츠를 만들 수 있다.

그런데 이 피드백을 외부에 의존하는 것보다 스스로, 팀 내부에서 주고받는 것이 필요하다. 크리에이터들이 가끔 이 과정을 놓치는 것을 많이 본다. 못한 점과 아쉬운 점을 찾는 것은 잘하는데, 잘한 점을 칭찬하는 데엔 인색한 편이다. 질 높은 피드백은

양쪽이 골고루 이뤄져야 한다. 균형 잡힌 식사가 몸에 좋듯이, 균형 잡힌 피드백이 채널과 콘텐츠에 약이 되는 법이다.

　애자일 경영 방식은 한 번의 업무 주기가 끝날 때마다 무엇을 하나씩은 꼭 배우고, 그 배운 것을 다음에 적용할 수 있다. 크리에이터들은 한 영상이 만들어지면 그 영상을 제작하며 내가 무엇을 배웠는지 되짚어보고, 그 배운 것을 다음 콘텐츠에 어떻게 반영할 것인지 생각하면 된다. 단순한 시청자를 넘어서 유튜브의 트렌드를 읽고 싶거나 유튜브와 관련된 사회 및 문화 문제에 대해 더욱 이해하고 싶다면 적어도 한 달에 한 번 꼴로 내가 본 유튜브 기록과 유튜브 인기 급상승 동영상을 훑으며 무엇을 배웠고 그 배운 것을 어떻게 적용했는지 점검해보길 바란다. 유튜브 시대에 맞는 인재가 되기 위한 방법은 유튜브 콘텐츠 제작 과정을 이해하고, 직접 제작에 참여해보고 거기서 얻게 되는 정보를 통해 새로운 자신만의 통찰을 갖는 것이다.

유튜브 생태계에
해가 되는 콘텐츠란 무엇일까?

보통 생태계를 위협하는 콘텐츠라고 하면 일명 '신고 콘텐츠'들을 먼저 떠올리기 마련이다. 유튜브 신고하기 버튼을 누르면 선정적인 콘텐츠, 폭력적이거나 혐오스러운 콘텐츠, 실제로 누군가를 증오 또는 학대하는 콘텐츠, 유해하거나 위험한 행위 콘텐츠, 스팸 또는 사용자를 현혹하는 콘텐츠 총 다섯 가지로 유해 콘텐츠를 분류하고 있다.

하지만 이런 영상들 외에도, 맞구독을 요청하는 영상, 게시된 영상과 관련 없는 채널인데도 '내 채널 혹은 영상을 보세요'라고 말하는 광고성 댓글, 시청자가 콘텐츠를 다른 내용으로 오해하게 만드는 썸네일과 제목, 동일한 콘텐츠를 다른 채널에 반복적으로 업로드하는 일들이 유튜브 생태계를 위협하는 콘텐츠에 해당한다. 유튜브와 크리에이터들을 신뢰하지 못하게 하며 이용자들의 마음을 떠나가게 만들기 때문이다.

유튜브는 청정 유튜브 생태계를 위하여 이러한 유해 영상과 채널을 삭제하는 강력한 조치를 취하고 있다. 2020년 10월부터 12월까지 2개월 동안에만 삭제된 총 채널의 수는 205만 5,515개, 삭제된 동영상은 932만 1,948개나 된다. 하지만 이 중 복구된 영상은 8만 3,346개다. 삭제 당한 영상의 1%도 채 복구되지 않는다.

유튜브도 하나의 생태계다. 여러 이용자가 모여 커뮤니티를 이루고 다양한 콘텐츠가 서로 알고리즘을 통해 영향을 주고받기 때문이다. 그러므로 서로의 가치관을 해치거나 유튜브 환경을 오염시키지 않는 콘텐츠 윤리가 요구된다. 크리에이터라면 지켜야 할 기본 매너와도 연결되는 이야기라고 볼 수 있을 것이다. 창작자는 유혹에 빠져 자극적인 콘텐츠를 만들지 않는 것은 물론, 실수로라도 이런 콘텐츠들을 제작하지 않도록 노력해야 한다. 생태계가 오염되기는 쉬워도 깨끗하게 만들기는 어렵다는 것을 기억하자.

○
관련 수치를 조작한 콘텐츠

자동화 작업이나 구매를 통해 조회수, 좋아요 수, 댓글 수, 구독자 수를 인위적으로 늘리는 방식이 채널 운영자들에게 필수처럼 여겨지던 때가 있었다. 주로 마케팅 목적으로 채널을 운영하는 사람들에게 그 유혹이 뻗쳤다고 하는데 이는 유튜브 정책에 따라 채널이 삭제될 수도 있는 사안이다.

　실제로 구독자 수 조작으로 인해 채널이 삭제될 위기에 처한 타 강사가 채널을 구제할 방법을 알려달라며 찾아온 일이 있었다. 커뮤니티 가이드 위반이라 방법이 없다고 하니 '당신이 방법을 모르는 게 아니냐'고 해서 당황한 기억이 있다. 영상을 업로드하고, 구독자를 돈 주고 구매까지 해 만들어 놓은 채널이 사라질지도 모른다고 생각하니 분해서 그랬겠거니 한다.

　하지만 유튜브 커뮤니티 가이드는 유튜브를 사용하는 모두가 지켜야 하는 일이다. 수치를 허위로 조작하면 유튜브 플랫폼 내의 모든 콘텐츠의 신뢰도가 떨어질 것이고 진정한 소통은 사라질 것이다. 이내 유튜브만의 특별한 매력이 사라지게 될지도 모른다. 인위적으로 수치를 조작하는 것은 내 채널의 성장이 아니라 유튜브 생태계를 위협하는 행동으로, 다 같이 사용하는 우물에 독을 타는 것과 다름없다.

혐오를 조장하는 콘텐츠

　성별이나, 민족, 장애, 국적, 인종 등을 악용해 혐오감을 조성하는 콘텐츠는 유튜브 생태계에 대단히 유해하다. 혐오 콘텐츠는 그 내용이 매우 자극적이라 쉽게 사람을 끈다. 특히 혐오를 가하는 입장에서 그 콘텐츠를 즐길 가능성이 짙고, 그로 인해 폭력 사태가 벌어질 가능성도 생긴다.

유튜브는 증오심 표현을 허락하지 않기 때문에 특정 개인이나 집단에 관련하여 혐오감을 조장하는 콘텐츠는 삭제된다. 유튜브가 생각하는 혐오의 범위는 크리에이터들의 생각보다 넓다.

유튜브는 증오심 표현의 예를 매우 구체적으로 표기하고 있다. "특정인이나 특정 집단은 치료가 필요한 정신 질환의 한 형태입니다." 혹은 "이 사건의 피해자라고 주장하는 것은 모두 연기일 뿐입니다. 아무도 다치지 않았으며 거짓말에 지나지 않아요."와 같은 말들도 증오심 표현에 해당한다. 이는 동영상뿐 아니라, 설명란의 설명, 댓글, 라이브 스트리밍 모두에 해당한다.

커뮤니티 가이드 위반 콘텐츠

유튜브 생태계를 안전하게 유지하기 위해 유튜브는 '커뮤니티 가이드'라는 것을 만들었다. 위에서 언급한 내용을 포함하여 선정적이거나, 폭력적이거나, 미성년자에게 유해하거나, 특정 인물들을 혐오하는 콘텐츠는 모두 정책 위반으로 간주한다. 이러한 콘텐츠는 유튜브 생태계를 흐리기 때문에, 유튜브는 정책 위반 가능성이 있는 콘텐츠를 감지하는 시스템과 이를 운영하는 전문 인력을 동원했고 신뢰를 기반으로 한 신고 프로그램도 함께 운영하고 있다.

정책을 위반한 채널에 처음에는 주의가 주어지고, 주의 이후에는 경고가 적용된다. 90일 안에 경고를 3번 받으면 채널이 해지되는데, 애초에 유튜브 정책을 위반할 목적으로 채널이 운영되거나 유튜브 플랫폼을 심각하게 악용한다 판단하면 경고를 3번 받지 않아도 채널이 해지된다. 커뮤니티 가이드는 영상을 비롯하여 댓글, 링크, 미리 보기 이미지에 모두 적용된다.

허위 콘텐츠

유튜브 커뮤니티 가이드에 제시되어 있지는 않지만 조작이란 의미의 신조어인 '주작'으로 불리는 허위 콘텐츠 역시 유튜브 생태계를 위협한다. 일시적인 관심을 끌기 위해 단발성으로 만들어지는 경우가 대부분이지만, 채널을 성장시키기 위해서 지속적으로 시청자들을 기만하는 콘텐츠들이 제법 있었다.

장애가 있다고 속이거나, 사이가 좋지 않은데도 좋은 상사와 직원 관계로 포장하거나, 서비스 광고를 위해 서비스를 돋보이게 할 요량으로 제품의 하자를 과장하거나, 무사히 배달된 음식에 마치 문제가 있는 것처럼 상황을 조작하는 등의 콘텐츠들은 업로드가 된 후에 네티즌들의 날카로운 추리와 수사로 거짓임이 들통난 사례다.

이렇게 허위 콘텐츠가 많아지면 유튜브 크리에이터를 향한 부정적인 시선이 증가하게 되고, 콘텐츠를 위해 애쓰는 다른 크리에이터들의 노력을 물거품으로 만들게 된다. '유튜버들이 다들 그렇다.'는 인식은 이미 유튜브에 충분히 위협적이다. 콘텐츠에 재미와 이목을 끄는 것만이 중요한 것이 아니라는 것을 허위 콘텐츠 제작자들이 깨닫기를 바란다.

유튜브에도 지켜야 하는 법이 있을까?

크리에이터가 콘텐츠를 제작하고 채널을 운영할 때 꼭 보호해야 하는 세 가지가 있다. 첫 번째는 내 영상에 등장하는 사람, 두 번째는 내 채널에 등장하는 다른 창작자의 콘텐츠, 그리고 마지막은 영상을 보는 시청자이다. 내 영상에 등장하는 모든 사람들의 의사를 존중해야 하고, 다른 창작자의 소중한 콘텐츠의 저작권을 침해하지 말아야 하며, 시청자를 지키려면 시청자를 기만하지 말아야 한다. 이 세 가지 중 하나라도 위반한 사실이 밝혀지면 크리에이터는 문제를 해결하고 자숙하며 채널 활동을 멈추는 것이 통상적이다. 하지만 유튜브는 6개월 동안 활동이 없으면 수익 창출이 정지될 수도 있기 때문에 크리에이터들은 시청자의 용서를 받기도 전 빠른 복귀를 하기도 한다. 그러나 충분한 사과와 적절한 조치 없이 채널 복귀를 강행한다면, 시청자들의 외면을 받고 유튜브를 떠나야 하는 상황도 발생한다.

유튜브에 그야말로 온갖 콘텐츠가 범람하면서 시청자들은 문제에 대한 사실 확인에 민감하게 반응한다. 채널을 성장시키는 것은 단순히 구독자를 늘리는 것이 아니라, 시청자와 크리에이터 간의 신뢰를 쌓는 일이다. '크리에이터와 그 사람의 콘텐츠를 신뢰할 수 있는가'라는 질문이 채널 성장의 최종 관문이 되고 있는 것이다. 유튜브를 수호하는 법은 커뮤니티 가이드가 아니라 모든 크리에이터의 진실성에서 나온다는 것을 기억하자.

○
뒷광고의 그늘

2020년은 대한민국 유튜브 역사에서 가장 다양하고 큰 문제들이 불거진 해였다. 다른 여러 가지 문제들 중에서 가장 크게 대두된 것은 바로 '뒷광고'였다. 유튜브 이용자들은 뒷광고 이슈에 민감하게 반응하며 결코 가볍게 넘기지 않는다. 오픈서베이의 콘텐츠 트렌드 리포트 2020에 따르면 응답자의 72.3%가 뒷광고 이슈에 대해 '알고 있다'고 답했다. 그리고 68%는 '뒷광고가 문제라고 생각하고 그 책임은 유튜버가 가장 크다'고 응답했다. 특히나 뒷광고 사태로 유튜브 크리에이터들 전반에 큰 배신감을 느끼는 시청자들이 많았던 것으로 보인다. 자신이 본 유튜버의 뒷광고를 알았을 때 '구독을 끊거나 해당 유튜버의 영상을 보기 꺼려진다'는 답변이 76.2%나 나온 걸 보면 말이다. 그런데 시청자들이 뒷광고에 대해 알게 된 시기에 비해 뒷광고는 꽤

나 오랫동안 있어 왔던 나쁜 관행이었다. 유튜브 이전에는 SNS
에서, SNS 이전에는 블로그에서, 그 이전에는 언론과 방송에서
계속해서 이 문제가 불거져 나왔다.

유튜브랩은 2011년부터 본격적으로 블로그를 운영하면서 이
런 문제로 블로그 생태계가 어지러워졌고, 신뢰를 잃었음을 몸
소 체험했다. 그래서 유튜브에서는 그런 일이 일어나지 않기를
바라며 늘 유튜브랩은 유튜브 강의에서 저작권과 개인정보 침
해 그리고 뒷광고에 대해 힘주어 이야기해왔다. 이러면 반은 주
눅 들고 반은 반발한다. '이러면 할 수 있는 게 없다'든가 '다른
사람들은 다 하는데 왜 우리한테는 못하게 하냐'는 반응이 주를
이룬다. 그도 아니라면 "원론적으로는 그렇죠." 하며 비웃든가.
실제로 뒷광고에 대해 주의를 주는 강의를 했을 때 MCN 관계자
가 "그러면 돈은 못 버는 거죠."라는 말을 한 적도 있다.

정말 놀랍게도 크리에이터나 예비 크리에이터를 대상으로 강
의를 하다 보면 광고와 관련된 지침에 대해 모르는 경우가 허다
하다. 크리에이터 개개인뿐 아니라 파트너사 혹은 광고 대행 업
무를 보는 회사들 역시 마찬가지다. 앞서 언급한 MCN 관계자는
아마 뒷광고의 심각함에 대해 몰랐을 것이라고 추측한다. 이때
까지 이렇게 해 왔어도 돈은 잘 벌렸고, 문제가 없었으니까. 하
지만 이제는 아니다.

이제는 시청자들의 눈이 더욱 매서워졌다. 도덕적이고 자신
의 직업에 대해 전문적 지식을 갖춘 크리에이터를 선호한다. 인

기와 부를 가져다주는 일에 대한 지식을 쌓는 일을 게을리하는 크리에이터들은 더 이상 매력적이지 않다. "이게 문제인지 몰랐어요."라며 해명하는 영상에 괜찮다고 위로하는 시청자들은 대폭 줄었다. 법적 지식을 몰랐다 치더라도 내 영상을 좋아해주는 사람들을 속이는 행위를 해서는 안 된다는 도덕적 기본은 갖추기를 바란다.

유튜브 크리에이터들은 광고에서 자유로울 수 없다. 구독자 수나 영상 조회수가 많든 적든 그렇다. 광고가 자신의 일이 된다면 하나부터 열까지 면밀히 살피는 것이 중요하다. 물론 알려주는 사람들이 적기도 하고 이때까지 문제 되지 않았으니 넘어가는 경우도 많다는 것을 피부로 느끼고 있다. 하지만 실제적으로 활용할 순 없더라도 반드시 원론은 알아야 한다. 그냥 넘어가지 말자. 2020년 6월 공정위가 발표한 '추천 보증 등에 관한 표시 광고 지침'이 2020년 9월 1일부터 적용되었다. 법을 몰랐다고 위법이 적법이 되는 것은 아니니까 주위에서 쉽게 하는 괜찮다는 말에 안심해선 안 된다.

설문조사에 따르면 기획사에게도 잘못이 있다는 답변이 19.9%, 광고주에게 있다는 답변이 14.6%, 미비한 법 체계가 문제라는 반응이 12.6%, 구글에게 책임이 있다는 경우가 5.2% 순이었다. 수는 적지만 크리에이터뿐 아니라 관련된 모든 업체와 기관에게 책임이 있다고 보는 것이다. 따라서 관련 업계에서도 유튜브 광고 산업에 경종을 울린 이 사건에 대해 그냥 넘어가지

말고 시청자를 기만하는 일이나, 도덕적 문제가 될 만한 콘텐츠에 대해 깊이 고민해야 한다고 본다.[39]

뒷광고로 인해 크리에이터를 향한 실망한 눈길이 늘었다. 한동안은 아무리 크리에이터들에게 도덕적이고 상식적이며 법적인 지식을 강조해봤자 안 되는 것일까 하는 회의감이 들기도 했다. 하지만 뒷광고 문제를 찬찬히 살펴보면서 희망을 발견할 수 있었다.

2020년 이전에 뒷광고 문제가 나왔을 때는 "유튜버가 그렇지 뭐. 뭘 기대하냐?"라는 반응이 주를 이뤘다. 시청자들이 사과를 요구해도 "내 일에 무슨 상관이냐" 하는 크리에이터들도 있었다. 그래도 큰 문제가 되지 않았다. 하지만 지금의 시청자들은 다르다. 크리에이터들에게 도덕성과 법을 준수하는 자세를 요구한다. 70여 명의 크리에이터들이 사과를 했고, 자숙과 은퇴를 발표한 크리에이터들도 더러 있었다. 시청자들의 목소리에 반응하게 된 것이다. 어쩌면 이번 사태가 크리에이터와 시청자들의 유튜브 리터러시를 성장시키는 계기가 되었을지도 모른다고 생각한다.

유튜브 생태계를 깨끗하게 지켜내는 만큼 사람들이 유튜브를 사랑하고 신뢰하게 될 것이고 그로 인해 크리에이터들의 더 많은 콘텐츠를 선보일 공간이 넓어질 것이다. 뒷광고 논란이 논란으로만 그치는 것이 아니라, 크리에이터들에게 광고 콘텐츠에 대한 경각심을 갖게 하고, 나아가 유튜브 생태계를 좀 더 맑아지게 하는 계기가 되길 바란다.

○
창작자를 존중하는 저작권 상식

유튜브 크리에이터들은 영상 콘텐츠 창작자이다. 창작자로서 다른 창작자의 권리인 저작권을 지키는 것은 두말하면 잔소리다. 크리에이터는 자신이 제작한 영상을 업로드하는 것을 원칙으로 한다. 영상은 본인이 제작했다 하더라도 영상 속에 등장하는 추가 자료 영상이나 음악, 폰트 등 소스의 저작권이 본인에게 있지 않으면 사용해서는 안 된다. 저작권이 없거나, 상업적으로 이용이 가능한 무료 소스이거나, 저작권 소유자에게 허가를 받은 경우에만 활용해야 한다.

특히 음악과 관련된 저작권 침해가 자주 일어나기 때문에 유튜브에서는 오디오 보관함을 통해 유튜브 크리에이터들에게 저작권 문제가 생기지 않도록 음악과 효과음을 제공한다. 만약 자신이 원하는 음악이 없다면 아트리스트^{Artlist}와 같은 유료 사이트에서 음원을 구입해 사용하는 것을 추천한다.

저작물은 거의 모든 형태의 창작물을 말한다고 봐도 무방하다. 저작권법에서는 인간의 사상 또는 감정을 표현한 창작물을 '저작물'이라고 규정한다. 저작물의 종류는 저작권법 제4조에 잘 드러나 있다. '소설, 시, 논문, 강연, 연설, 각본 등 글이나 말로 된 어문 저작물', '음악 저작물', '연극이나 무용, 무언극 등의 연극 저작물', '건축물, 건축을 위한 모형 및 설계도 등을 비롯한 건축 저작물', '사진저작물', '영상저작물', '지도, 도표, 설계도, 약도, 모형 등의 도형저작물', '컴퓨터프로그램 저작물'이 저작권을 지니고 있다. 저작권에 대해서 이야기하자면 끝도 없지만 숱한 저작권 강의와 저작권 콘텐츠를 제작하고 저작권위원회 서포터즈 멘토로 활동하며, 또 저작권 관련 책을 감수하며 강조했던 내용이 있다. 실제 유튜버들이 저작권을 지키기 위해 노력하는 구체적인 활동을 살펴보며 그 내용을 알아보자.

어문 저작물
: 독립출판 책을 오디오북 제작하는 북튜버, '북키쉬'

북키쉬 채널 운영자는 라디오 작가 출신으로 유튜브를 통해 독립출판 책에 대해 이야기하며 소통을 하고 싶어 했다. 하지만 책 이야기를 하기 위해서는 책의 내용을 언급하지 않을 수 없었다. 저작권법에는 '공표된 저작물의 인용'이나 '공정 이용'을 통해 저작권자의 허가를 얻지 않아도 되는 조항이 존재하기는 한다. 하지만 저작권 침해에 해당하지 않는 인용의 범위나, 고려 사항들이 추상적이고 모호했기에 고민이 컸다.

북키쉬는 정도를 걷기로 했다. 하지만 일반적인 책과는 달리 독립출판 책을 다루다 보니 허가를 구하는 일이 까다로웠다. 출판사가 없이 작가들이 직접 출판을 진행한 경우가 많았기 때문이다. 하지만 북키쉬 채널의 차별화를 위해 독립출판이라는 소재를 포기할 수 없었고, 결국 콘텐츠화 하고 싶은 책의 작가들에게 직접 연락을 취해 저작권 허락을 구했다. 그리고 허가를 해준 작가들의 책만 오디오북 형태로 콘텐츠를 제작해 업로드했다. 내가 만든 창작물이 아니라면, 저작권 소유자의 허가를 받는 것을 너무나 당연한 절차임을 잊지 말아야 한다.

어문 저작물
: 종교 월간지 낭독 채널, '같이 큐티할래'

북키쉬 채널이 콘텐츠 제작 이전부터 저작권 허가를 구했다면 '같이 큐티할래' 채널은 조금 다르다. 오디오 콘텐츠 플랫폼인 '스푼'에서 종교 월간지를 읽어주다가 많은 사람들이 동시 접속을 하게 되면서 저작권에 관심을 갖고 허가를 구한 케이스다.

책의 경우 대부분 저작권 소유자가 작가인 반면, 종교 월간지의 경우에는 저자가 다양하고 알기가 쉽지 않아 월간지 출판사에 허가를 구했다. 출판사 측에서는 텍스트 외 내용 전달, 단체성을 띄는 내용을 언급하지 않을 것을 조건으로 사용을 허락했다.

사실 원작에 충실하다 보면 자연스레 텍스트를 많이 다루게되고, 그럼 저작권 침해에서 벗어나기 어렵다. 하지만 월간지의 내용을 거의 그대로 읽는데도 2차적 저작물 허가를 내준 점에서, 저작권 소유자의 허락이 영 가능성이 없는 일이라고 지레 낙담하지 말자. 문은 두드려야 열린다.

해외 어문 저작물
: 잠들기 전, 두 아들에게 원서를 읽어주는 '파자마 잉글리시'

두 아들에게 영어 원서를 읽어주는 콘셉트의 채널 '파자마 잉글리시'는 우리나라보다 저작권에 민감한 해외 출판사에 허가를 얻어야 한다는 어려움이 있었다. 게다가 어린이를 대상으로 하는 영어 동화책의 경우 내용이 짧아 책 한 권을 거의 그대로 읽는다는 점에서, 이 콘텐츠로 굳이 원서를 구입해 보지 않아도 되겠다고 시청자들이 판단하기도 쉬웠다. 그래도 긴 호흡으로 활동하기 위해서는 저작권 허가가 필수라고 판단한 파자마 잉글리시는 메일로 출판사에 허가를 구했고, 의외로 쿨하게 사용해도 좋단 답을 받았다고 한다.

최근에 저작권에 대한 관심이 늘어났다고 하지만, 오랜 시간 저작권에 대해 공부하고 다양한 경험을 한 해외의 경우에는 저작권 허가가 조금 더 까다롭다. 또한 법이나, 법의 해석도 차이가 있다. '무역관련 지적소유권 협정', '베른 협약', 'WIPO 저작권 조약'과 같은 국제협약을 맺어 세계적으로 국가 간의 저작권 보호도 힘쓰고 있다. 따라서 "외국인들이 내가 쓴 걸 어떻게 알겠어?" 하는 안일한 생각은 버리자. 유튜브 저작권 판단 시스템은 화면과 소리를 읽어내 원작자를 구별하는 시스템을 갖춘 지 오래되었으며, 우리나라를 포함한 각국의 저작권법은 점점 더 실효성을 갖추고 있다.

영상 저작물

: 영화 전문 채널, '다크썸'

책만큼이나 저작권에 고민이 많은 채널이 바로 영화 채널이다. 유튜브가 인기를 얻기 전부터 활동을 해온 채널이나, 대형 채널로 거듭한 영화 채널의 경우에는 영화사나, 배급사로부터 얻은 '화이트 아이디'로 저작권 허가를 구한 경우가 대부분이다. 하지만 그 외의 경우에는 늘 저작권 신고와 침해로부터 자유롭지 못하다. 영화 리뷰를 근간으로 하는 영화 채널들은 대체로 결말까지 알려주는 경우가 많아 영화 리뷰 채널의 영상만 보고 원작인 영화를 안 보게 되면서 저작권 소유자들의 마음을 언짢게 하기 때문이다.

"이 채널은 다 하는데, 왜 우리는 못하게 하나요?"라는 질문을 받을 때마다 얼마나 답답한지 이해하지만, 저작권 소유자의 입장을 생각해보면 충분히 영화 채널의 영상들이 홍보가 아니라 피해라고 생각될 수 있다. 다크썸 채널의 운영자는 영화에 관심이 높고 영화 제작자들을 존경하는 마음을 지니고 있었기에 영화사 혹은 배급사에게 허가를 받고 콘텐츠를 제작했다. 그리고 그런 노력을 바탕으로 크리에이터 지원 사업에도 채택되었다.

유튜브 저작권 가이드

지금까지 저작권법에 따른 저작권 상식과 실제 사례를 전했다면 이제는 유튜브 저작권 가이드에 대해 이야기해보고자 한다. 유튜브는 저작권 보호를 위해 '유튜브 저작권 관리 도구'를 모든 사용자가 이용할 수 있게 했다. 저작권 소유자는 저작권 관리 도구를 통해 자신의 저작권 보호 자료를 관리할 수 있다. 저작권 소유자가 유튜브 웹 양식을 통해 유효한 DMCA 침해 신고를 제출하면 유튜브에서 해당 동영상 게시를 중단하고 저작권 위반 경고를 적용한다. 저작권 위반 경고를 90일 이내에 3번 받는 경우 해당 사용자의 계정 및 계정과 연결된 채널이 해지된다.

저작권 침해가 인정되는 경우에 크리에이터는 세 가지 조치를 취할 수 있다. 90일 이후에 경고가 소멸될 때까지 기다리거나, 철회를 요청하거나, 유튜브에 반론 통지를 제출하여 저작권 위반 경고 해결을 도와주는 방법도 마련되어 있다.

유튜브는 저작권을 '재산'으로 이해하는 경향이 강하다. 콘텐츠의 독점적인 권리를 소유하는 저작권 소유자에게 유튜브에서 '콘텐츠 아이디Content ID'를 부여한다. 콘텐츠 아이디를 부여받은 채널의 콘텐츠가 포함된 동영상이 유튜브에 업로드되면 소유권 주장을 할 수 있도록 하는 시스템이다. 콘텐츠 저작권자가 미리 유튜브 측에 제공한 참조 파일과 일치하는 새 업로드 항목이 발견되면 '권리 주장'이 이루어진다. 콘텐츠 아이디 소유자가 선택한 설정에 따라 수익 창출 또는 차단, 수익을 공유하는 등의 정책이 적용된다. 이 경우에는 저작권 위반 경고가 적용되지는 않는다.

저작권은 알면 알수록 크리에이터가 스스로의 저작권을 지킬 수 있고, 저작권 침해 걱정 없이 콘텐츠 제작을 할 수 있도록 돕는다. 따라서 저작권 법령과 유튜브 커뮤니티 가이드를 늘 주목하자. 개정과 업데이트가 자주 이뤄지는 편이니 자주 들여다보는 것이 가장 좋은 방법이다.

또 크리에이터들의 저작권 이해를 돕기 위해 한국저작권위원회에서 무료로 배포하고 있는 「1인 미디어 창작자를 위한 저작권 안내서」가 있다. 최신 저작권 정보들이 담겨 있어 꼭 한 번 읽어보기를 추천하는 자료이다.

○
얼굴만 가리면 초상권 침해가 아닐까?

초상권에서 초상肖像의 좁은 의미는 특정인의 모습이나 형태를 그림이나 사진, 영상화하는 것이다. 하지만 넓은 의미에서의 초상은, 특정인의 이미지를 포함하여 이름, 목소리, 서명 등 특정인을 누구인지 인지할 수 있는 모든 요소를 말한다.

유튜브에서 짤로 자주 쓰이는 연예인들의 사진에는 초상권이 없을까? "이미 유명한 사람이니까 사진 좀 써도 괜찮겠지?"라고 가볍게 생각하는 경우를 많이 본다. 하지만 유명인의 경우에는 퍼블리시티권Right of publicity이라는 것이 존재해서 유명인들의 이름이나 초상은 경제적인 이익으로 창출이 가능한, 통제할 수 있는 배타적 권리로 본다. 초상권과 마찬가지로 직접적인 규정은 없으나 대부분 법령이나 판례에 의해 인정받고 있는 엄연한 권리다. 따라서 유명 연예인이나 크리에이터의 동의 없이 그의 얼굴을 상업적으로 이용하면 퍼블리시티권을 침해한 것으로 불법 행위에 해당된다. 유튜브 활동은 상업적 활동으로 해석될 가능성이 높다. 일반인의 초상권만큼이나 유명인의 퍼블리시티권도 중요하다는 점을 명심하자.

보통 초상권 침해는 특정인을 알아볼 수 있는지, 동의를 얻었는지, 계약의 범위를 넘어섰는지, 상업적으로 이용을 했는지 같은 몇 가지 기준에 따라 가늠할 수 있다. 초상권을 침해하지 말라고 하면 특정인을 알아볼 수 없게 보통 얼굴만 동그랗게 모자이크하는 경우가 많다. 그러나 몸에 특이한 점이나 문신이 있다거나, 하나밖에 없는 액세서리를 착용하고 있다거나 한다면 충분히 특정인이 누구인지 식별할 수 있기 때문에 유의해야 한다. 아니면 촬영 동의를 구하는 방법도 있다. 어디에 올릴 것인지, 어디로 퍼질 가능성이 있는지 충분히 설명하고 가급적 서류의 형태로 남기는 것을 추천한다. 이것보다 안전한 방법은, 애초에 허락을 얻지 않은 다른 사람의 초상을 촬영하지 않고, 사용하지 않는 것이다. 불특정 다수의 인물을 촬영하는 경우에 더욱 유의해야 하는 것은 말할 필요도 없다.

초상권 관련 법 상식

❶ 헌법 제10조 : 모든 국민은 인간으로서의 존엄과 가치를 가지며 행복을 추구할 권리를 가진다. 국가는 개인이 가지는 불가침의 기본적 인권을 확인하고 이를 보장할 의무를 진다.

초상권이라 하면, 자기의 초상이 허가 없이 촬영되거나 공표되지 않을 권리, 영리적으로 이용되지 않을 권리를 말한다. 초상권에 관한 직접적인 규정은 없지만 위의 법령에 근거하여 보장되는 권리이다.

❷ 민법 제750조(불법행위의 내용) : 고의 또는 과실로 인한 위법행위로 타인에게 손해를 가한 자는 그 손해를 배상할 책임이 있다.

민법 제751조(재산 이외의 손해의 배상)에 1. 타인의 신체, 자유, 또는 명예를 해하거나, 기타 정신상 고통을 가한 자는 재산 이외의 손해에 대하여도 배상할 책임이 있다. 2. 법원은 전항의 손해배상을 정기금채무로 지급할 것을 명할 수 있고 그 이행을 확보하기 위하여 상당한 담보의 제공을 명할 수 있다.

타인의 초상을 허가 없이 촬영, 공표, 전시, 상업적 활용 등으로 침해하면 침해받은 자는 민법에 따라 손해배상도 요구할 수 있다. 공공의 이익을 목적으로 하는 경우 예외가 발생한다고 하지만, 입장과 해석의 차이가 생길 수도 있다.

채널 성장 전략은
유튜브 분석이다

채널 광고는 어떻게 하는 걸까?

크리에이터에게 구글 애드센스AdSense는 수익 창출의 창구로 유명하지만, 자신의 물건이나 서비스를 판매하고자 하는 자영업자들이 많은 우리나라에서는 구글 애즈Ads에 대한 관심 또한 높다. 최근에는 자신의 동영상을 더 많은 사람들에게 도달하게 하려는 크리에이터들도 구글 애즈를 활용하고 있다.

구글 애즈 운영 노하우에 대해 설명을 하기 전에, 구글 애드센스와 구글 애즈의 차이점에 대해 간략하게 설명하고 넘어가는 게 좋겠다. 구글 애드센스가 크리에이터를 포함한 블로그, 웹사이트 게시자를 위한 영역이라면, 구글 애즈는 비즈니스의 성장과 매출을 위해 웹사이트나 앱에서 광고를 하는 광고주, 마케터의 영역이다. 구글 애드센스는 게시자가 만든 온라인 콘텐츠 옆이나 안에 광고를 넣어 수익을 '얻는' 곳이고, 구글 애즈는 광고주가 광고에 대한 대가를 '지불'하는 곳이라고 생각하면 편하다.

간편해진 구글 애즈 사용법

구글 애즈 집행은 점점 더 쉬워지고 있다. 구글 애즈를 집행할 영상만 만들면 그 다음은 일사천리다. 먼저 광고 목적에 따라 판매, 리드, 웹사이트 트래픽, 제품 및 브랜드 구매 고려도, 브랜드 인지도 및 도달범위 중 원하는 목표를 선택한다.

캠페인 목표	선택 방법
판매 리드 웹사이트 트래픽	사람들이 광고를 본 후, 구매 결정을 내리도록 하려면 '판매'를, 뉴스레터 가입이나, 연락을 요청하도록 하려면 '리드'를, 웹사이트에 방문하게 하려면 '웹사이트 트래픽' 목표를 선택한다.
제품 및 브랜드 구매 고려도	제품 및 브랜드 구매 고려도 캠페인 목표는 제품을 검색하거나 쇼핑 중일 때 광고주의 제품이나 서비스를 고려하도록 유도하는 캠페인 목표다. 구매 의향을 높이고자 한다면 이 캠페인 목표를 선택하자.
브랜드 인지도 및 도달범위	제품이나 서비스를 더 많은 잠재고객에게 전달하는 목표로서, 사람들에게 브랜드를 알리고자 할 때 선택한다.
앱 프로모션	앱 설치와 참여를 유도하고자 할 때 선택한다.
목표에 따른 안내 없이 캠페인 만들기	원하는 캠페인 목표를 찾지 못한 경우에 선택한다.

그 다음은 예산을 어떤 방식으로 지출할 것인가를 정하면 된다. 웹사이트 트래픽을 늘리는 게 목표인 경우에는 클릭당 비용CPC, Cost Per Click 입찰을, 브랜드 인지도 및 도달 범위를 높이는 게 목표인 경우에는 조회 가능 노출 1,000회당 비용vCPM, viewable Cost Per Mile/1,000 impressions 입찰을 선택하면 된다. 동영상 광고 운영에서 가장 익숙한 형태는 조회당 비용CPV, Cost Per View, 1,000회 노출당 비용CPM, Cost Per Mile/1,000 impressions이다.

많은 사람들이 이 많은 선택지 앞에서 광고 집행을 자주 포기한다. 어떤 방식을 선택해야 하는지, 비용은 어느 정도 들여야 하는지 잘 모르겠고 가늠도 되지 않으니 그럴 테다. 하지만 걱정하지 않아도 되는 것이 목표 설정에 따라 비용을 지불하는 방법은 어느 정도 정해져 있다. 일일 예산을 설정하면 한정된 예산 안에서 광고가 집행되니 의도치 않게 큰 금액이 결제될까 너무 걱정하지는 말자. 유튜브 애즈에 따르면 일일 광고비는 만 원대로 시작하는 것이 좋다고 한다.

타깃팅을 할 때는 사용 언어, 성별, 연령, 자녀 유무, 가계소득, 잠재 고객 사용자 등을 선택할 수 있다. 결혼, 이사 등과 같이 생애 주요 이벤트에 따라서도 타깃팅이 가능하다. 그런데 너무 범위를 좁히게 되면 CPV가 올라갈 수 있으니 주의해야 한다. 또, 제품과 서비스와 관련된 검색어와 주제를 넣을 수도 있는데 이때 어떤 키워드나 주제를 넣느냐에 따라 광고가 다른 곳에 게재될 수 있다.

일반적으로 광고가 짧을수록 조회율이 높다고 한다. 그러니 광고 영상을 짧게 만들 수 있다면 가능한 한 짧게 만들어 보자. 효과를 개선하기 위해 제목과 클릭 유도 문안을 변경하는 것도 좋은 방법이다. 가장 좋은 것은 동영상 광고를 여러 개 찍어 순환 게재 하는 것이다. 효율도 효율이지만 시청자들의 광고 피로도를 낮출 수 있기 때문이다.

비용을 많이 쓸수록 조회는 많이 일어나겠지만 반드시 효율적이라고는 볼 수 없다. 본격적인 광고를 하기 전에 테스트용으로 2개 정도의 광고를 동시 집행을 해보기를 바란다. 비슷한 내용이지만 살짝 다른 영상으로 똑같은 광고를 진행하거나, 똑같은 영상으로 다른 광고를 진행 후 어느 쪽이 효과가 좋은지 테스트해보는 것이다.

겁먹지 말고 한두 달만 집행해보자. 광고 집행이 매끄럽게 진행되지 않는다고 느껴진다면 부담 없이 구글 애즈 코리아 공식 채널에 문의하자.

광고의 목표를 잊지 말자

수강생이자 유튜브 전문가로 활동 중인 분이 유튜브 광고에 대해 굉장히 회의적인 의견을 표명한 적이 있었다. 본인 채널의 조회수가 생각만큼 나오지 않아서 유튜브 광고를 집행했는데 딱 광고를 돌릴 때만 조회수가 반짝 오르고 말더라는 것이다. 유튜브가 돈을 벌기 위해 계속 광고를 하게 만드는 시스템을 구축한 것 같다며 결과적으로 자신의 채널에 악영향을 끼쳤다고, 광고를 집행한 것을 후회하고 있다고 했다.

유튜브가 광고를 유도하기 위해 의도적으로 광고하지 않은 콘텐츠들의 조회수를 조정하지는 않을 것이라는 생각이 들었다. 대체로 큰 금액의 광고는 대기업들과, 세계적 기업들이기 때문이기도 하고, 광고를 돌리면서 채널의 타격을 받은 경험은 없었기 때문이기도 했다. 만약 광고를 하는 채널들에 조회수로 장난을 치는 것이 발각된다면 광고주들의 원성을 살 것이 분명하기 때문이다.

고민을 듣고 난 후 어떤 형식의 광고를 집행했는지, 또 타깃을 어떻게 설정했는지를 물었다. 그 답을 듣고 나니 이런 현상이 나타난 이유를 알 수 있었다. "광고비가 싼 베트남 지역을 대상으로 타깃팅했죠." 적은 비용으로 높은 조회수를 내기 위해 상대적으로 광고비가 싼 지역을 대상으로 동영상 광고를 했던 것이 화근이었다. 그 광고는 한국어 버전이었고, 베트남 자막은 없었다. 조회수는 올랐지만 이해할 수 없는 내용의 콘텐츠를 구독하는 사람은 많지 않았을 것이고, 당연히 채널의 다른 영상들에도 큰 관심이 없었을 것이다. 광고의 조회수가 채널의 구독으로 이어지지 않은 것은 너무나 자연스럽고 당연했다. 우리나라 사람들을 대상으로 만든 콘텐츠를 다른 나라 시청자들에게 보여주고 있으니 조회수와 구독자 수에 모두 효과를 보지 못했다. 단순히 조회수를 올리는 것 자체가 목표였다면 이런 광고 집행이 적절하다고도 볼 수 있겠다. 하지만 알다시피 목표 달성과는 거리가 먼 광고가 되고 말았다.

이런 착오가 없도록 유튜브 광고의 과정과 결과에 대해 쉽게 이야기 해줄 수 있다면 좋겠지만, 유튜브 광고는 그것만으로 책한 권을 써도 모자랄 만큼 방대한 내용을 담고 있다. 효과도 천차만별이다. 페이스북이나 인스타그램 혹은 블로그 키워드 광고등의 광고를 집행해본 경험이 있다면 알겠지만 이미지 한 장, 심지어 단어 하나만으로도 결과가 극명하게 차이 난다.

그래서 광고를 집행할 때는 무엇보다 이 광고를 집행하는 자신의 명확한 목표를 먼저 설정해야 한다. 목표하는 바가 무엇인지에 따라 설정해야지, 무턱대고 비용과 조회수만 생각해서는 안 된다. 타깃을 한국인으로 맞추어보라고 말을 했지만 100만 조회수가 넘게 나온 이전 광고에 비해 비용이 비싸 엄두를 내지 못한다고 전해왔다. 그 뒤로는 그에게서 유튜브 광고 이야기를 들을 수 없었다.

아직도 내 채널을 어떻게 광고해야 할지 모르겠다면, 광고를 집행하기 전에 다섯 가지 질문에 답해보자. 질문에 답을 따라가다 보면 처음 설정했던 목표를 잊지 않을 수 있을 것이다.

유튜브 광고를 하기 전에 기억해야 할 질문 다섯 가지

❶ 광고를 하려는 이유가 무엇인가?

❷ 광고를 본 시청자가 어떤 반응을 보이기를 바라는가?

❸ 광고를 노출할 시청자들, 즉 고객은 누구인가?

❹ 광고 이외에 채널에 업로드 된 콘텐츠에 관심을 가질 대상이 맞는가?

❺ 광고로 사용할 영상이 해당 시청자들의 흥미를 유도하는가?

유튜브 수익은
구글 애드센스를 통해서 받을 수 있다?

구글 애드센스란 웹사이트, 블로그, 유튜브 등 콘텐츠를 게시하는 사람이 수익을 창출할 수 있는 프로그램이다. 콘텐츠에 광고가 게재되어 광고를 보거나 참여한 수에 따라 수익을 얻게 된다.

▶ 유튜브 파트너 수익 구조

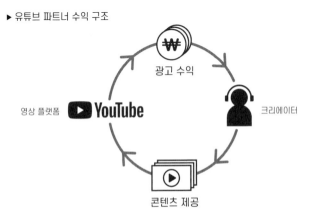

애드센스를 사용하기 위해 별도의 조건이나 비용을 지불하지는 않는다. 다만, 유튜브를 통해 애드센스 수익을 얻기 위해서는 이미 앞에서 언급한 유튜브 파트너 프로그램YPP의 요건인 구독자 1,000명과 12개월 이내에 시청 시간 4,000시간을 확보해야 한다. 그 후 승인이 되면 애드센스 계정과 유튜브 계정을 연결하면 수익을 얻을 수 있게 된다.

구글 애드센스와 유튜브 계정 연결하기

수익을 얻기 위해 게재할 광고를 게시자가 하나하나 선택하는 것이 아니라, 애드센스에서 안드로이드, 크롬, 구글 지도, 구글 포토, 유튜브 등을 비롯한 서비스 활동에 대한 데이터 수집을 통해 콘텐츠나 잠재고객에 맞는 광고를 입찰을 통해 자동으로 게재한다.

최근에 소비자들과 몇몇 국가로부터 이러한 광고 방식이 개인의 프라이버시를 침해한다는 의견이 나오기 시작했다. 수익을 위한 데이터 활용, 즉 개인정보 활용을 억제하고자 하는 움직임이 나타나기 시작했다. 데이터 활용을 할 수 없으면 타깃 광고를 하기 어렵고 이렇게 되면 광고 수익에 타격을 입을 수 있다.

그래서 예전에는 유튜브 파트너 프로그램 참여를 해야만 유튜브 콘텐츠에 광고가 게재되고, 수익을 창출할 수 있어서 이 조건을 수익 창출 조건이라 불렀다. 하지만 2020년 11월, 유튜브는 유튜브 파트너 프로그램에 참여하지 않는 채널의 동영상에도 광고를 게재할 수 있다고 발표했다. 이 방침은 2021년 6월 1일부터 적용되는데, 수익 창출 조건에 부합하지 않는 채널에도 광고가 붙을 수 있다. 이때 발생하는 광고 수익은 크리에이터에게 배분되지 않는다. 따라서 광고가 콘텐츠 앞에 붙는다고 해서 무조건 크리에이터가 돈을 버는 것이 아니다. 수익을 벌기 위해서는 애드센스 계정과 유튜브를 연결해야만 한다는 것을 기억하자.

애드센스 이용약관에 따라 애드센스 계정은 하나의 수취인 이름으로 하나만 보유할 수 있고, 중복으로 생성하면 연결된 유튜브 채널의 수익 창출 사용이 중지되니 주의해야 한다. 유튜브가 부업으로 주목받기 전, 사이트나 블로그와 애드센스를 연결해 수익을 창출하는 방식이 붐을 이뤘다. 유튜브와 애드센스를 연결하기 전에 애드센스 계정이 있는지 확인해보기를 추천한다. 본인이 애드센스 계정이 있는지 없는지 모르겠다면 받은 편지함에 '애드센스'나 'adsense-noreply@gmail.com'에서 온 메일이 있는지 찾아보자. 이미 승인된 애드센스 계정이 있다면 아래와 같은 방식으로 진행한다.

만약 애드센스 계정이 없다면, 3번에서 화면에 표시된 안내에 따라 애드센스 계정을 만들면 된다. 그 후 유튜브 스튜디오로 화면이 바뀌고 애드센스 신청이 접수되었다는 메시지가 표시된다. 애드센스 계정이 승인되기까지 시간이 걸리므로 조급해하지 말

유튜브 채널과 애드센스 계정 연결

❶ 유튜브 스튜디오에 들어가 [채널 수익 창출] 메뉴를 클릭한다.

❷ 구글 애드센스 가입 카드에서 [시작]을 누른다.

❸ 그 후 화면에서 애드센스 계정에 사용한 구글 계정으로 로그인 한다.

❹ 화면에 [연결 수락]을 클릭한다.

❺ '구글 애드센스에 가입합니다'라는 카드에 [완료] 표시를 확인한다.

고 기다리자. 애드센스 계정이 승인되면 메일로 알림을 보낸다. 애드센스를 연결하고 완료 표시가 뜬 후에도 바로 연결이 되지 않을 수 있다. 유튜브와 구글 애드센스 연결은 어려운 일이 아니다. 채널을 열심히 성장 시켜 수익 창출 조건에 부합하도록 만들면, 조건 달성 시 알림을 통해 연결을 장려하고 화면에 안내된 순서에 따라 차근차근 단계를 밟으면 될 일이다. 한번 연결해두면 채널에 문제가 없는 한 다시 연결할 일이 없기 때문에 크게 걱정하지 않아도 된다.

가끔 "구글 애드센스로 돈을 번 사람들이 많은가요?"라는 질문도 받는다. 그 질문은 "유튜브로 돈을 번 크리에이터들이 많은가요?"와 같은 말이다. 유튜브로부터 돈을 받는 방법이 구글 애드센스라고 생각하면 쉽다.

쉽고도 어려운
알고리즘의 정체는 무엇인가?

유튜브 크리에이터의 공통적인 목표 중 하나는 조회수를 높이는 것이다. 당장 크리에이터로 활동하고 있지 않더라도 조회수를 높이는 방법에 대해서는 궁금해한다. 그래서 조회수를 높이기 위한 다양한 방법들이 온오프라인상에 가득하다. 자신의 경험을 토대로 알게 된 조회수를 올리는 방법을 블로그나 SNS에 공유하기도 하고 유튜브 영상으로 업로드하는 경우도 많다. 책이나 강의에서 노하우를 알려주기도 한다. 그리고 그 비법들 중 상당수의 비율을 '알고리즘'이 차지한다.

그렇다면 알고리즘이란 무엇일까? 표준국어대사전에서는 '어떤 문제의 해결을 위하여 입력된 자료를 토대로 하여 원하는 출력을 유도하여 내는 규칙의 집합'이라고 설명한다. 사전적 정의를 빌려 생각해보면 유튜브 알고리즘은 '유튜브가 어떤 문제를 해결하기 위해 따르는 일련의 방법' 혹은 '유튜브가 문제 해결을 위해 자료를 토대로 원하는 답을 유도하는 규칙을 모아둔 것'

▶ 알고리즘 도식화

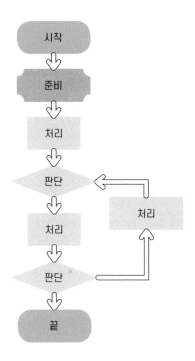

정도로 정할 수 있겠다. 흔히들 알고리즘을 위의 그림과 같이 도
식화하여 이해한다.

　유튜브에서 운영하는 유튜브 크리에이터스^{YouTube Creators} 채널
에서는 유튜브 알고리즘을 '적절한 시청자에게 유튜브에 올라
온 많은 영상들 중 적절한 영상을 적절한 타이밍에 전달하는 방
법'이라고 설명한다. 2018년에 유튜브가 발표한 바에 따르면 유

튜브 알고리즘은 매일 800억 비트가 넘는 시청자 피드백을 바탕으로 끊임없이 학습을 한다고 한다. 그 학습을 통해 시청자 개인의 다양한 관심사에 맞는 동영상을 찾아 적절한 타이밍에 적절한 동영상을 소개하는 일을 한다. 그러니까 유튜브 알고리즘을 파악해 알고리즘이 내 채널의 영상들을 시청자들에게 계속해서 소개하고 추천하게 만든다면 조회수 증가에 큰 도움을 받을 것으로 이해하는 것이다.

우리가 유튜브를 즐기는 과정을 유튜브 이용 프로세스와 같이 그려볼 수 있겠다. 유튜브 알고리즘은 끊임없이 '시청자가 흥미로워 할 만한가?', '시청자가 찾고 싶어 하는 영상인가?', '시청자가 충분히 즐겼는가? 더 보고 싶은 것은 없는가?'와 같은 질문을 던지고 추천 동영상을 그 답으로 내어 놓을 것이다. 알고리즘이 이런 질문에 답을 찾는 근거는 '시청자가 보는 것', '시청자가 보지 않는 것', '시청자의 동영상 시청 시간', '좋아요, 싫어요 의견', '관심 없음 의견' 등이 있다. 그러니까 알고리즘은 시청자의 이전 활동을 통해 '시청자가 이전에 본 적이 있는가?', '보지 않았는가?', '보았다면 얼마나 오래 보았는가?', '좋아요를 눌렀는가?', '싫어요나 관심 없음 의견을 표명했는가?' 등을 묻고 그에 대한 답으로 영상을 노출하는 것이다. 결국은 '시청자가 무엇을 좋아하느냐를 따르는 것'이 알고리즘을 따르는 일이 되겠다.

유튜브 알고리즘은 이런 과정을 통해 시청자가 선호하는 동영

▶ 유튜브 이용 프로세스 예시

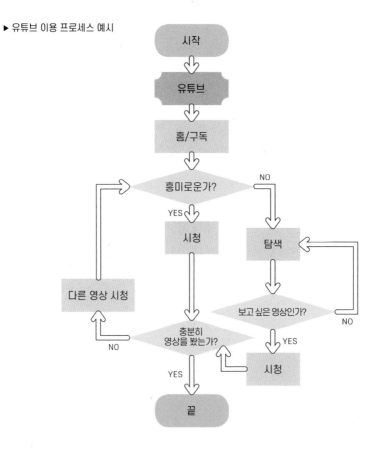

상과 선호할 만한 영상을 계속해서 보여준다. 그래야 시청자가
유튜브에 더욱 오래 머물게 되기 때문이다. 구글의 수석부사장
인 닐 모한이 '알고리즘 도입으로 총 시청 시간의 20배 이상이
증가했다'고 밝힌 것을 보면 알고리즘은 확실히 효과가 있다.[40]

시청자가 오래 머물면 머물수록 유튜브 측에 동영상 콘텐츠 시청에 대한 정보는 많아지고 분석은 날카로워진다. 유튜브 입장에서는 시청 시간을 늘리는 선순환이 이뤄지는 셈이다.

따라서 유튜브 채널 운영의 스킬은 곧 시청자들에게 어떻게, 얼마나 어필할 것인가를 전략적으로 구사하는 것이다. 그러니 시청자를 파악하는 것이 곧 알고리즘을 파악하는 것이고 조회수를 높이는 길이다. 그렇다면 어떻게 시청자를 파악해야 할까? 유튜브는 시청자가 중요하다는 사실을 잘 알고 있다. 그래서 유튜브 스튜디오를 통해 채널 운영자에게 채널의 주된 시청자에 대한 다음과 같은 정보를 제공한다. 시청자가 내 채널을 이용하는 시간대, 내 시청자가 시청하는 다른 채널과 다른 동영상, 시청자의 연령, 성별, 지역(국가), 사용하는 언어(정확히는 자막 언어별 분포), 구독 상태. 이 정보를 바탕으로 그들의 고민을 추측할 수도 있고, 그들이 좋아할 만한 관심 분야를 소재와 주제를 콘텐츠에 녹일 수도 있다. 자막이나 구독 요청과 같은 부분들도 영상에서 어떻게 표현하면 좋을지 결정할 수도 있겠다.

유튜브는 크리에이터들이 성장하기를 바란다. 그래야 함께 수익을 창출할 수 있으니까. 특히 새로운 크리에이터의 성장을 환영한다. 새로운 콘텐츠가 끊임없이 공급되면 플랫폼은 성장하기 때문이다. 그러니 유튜브가 제공하는, 가장 정확하고 믿을 만한 정보를 바탕으로 콘텐츠를 제작하고 채널을 운영하기를 적극 추천한다.

유튜브가 제공하는 시청자 정보를 바탕으로 콘텐츠 제작하는 방법

❶ 구독자의 시청 시간이 높다면?

시청자 타깃이 잘 잡힌 사례로 볼 수도, 해당 영상이 구독자들의 취향과 잘 맞는 것일 수도 있으니 채널의 다른 영상들과 구독자의 시청 비율을 비교해보아야 한다. 구독자는 비구독자보다 2배 더 영상을 많이 시청한다고 하니 구독자들이 더욱 만족할 수 있는 콘텐츠, 즉 조회수나 시청 지속 시간이 높았던 콘텐츠가 무엇인지 확인하고 그와 비슷한 소재나 촬영, 편집 요소를 활용하여 콘텐츠를 제작한다.

❷ 비구독자의 시청 시간이 높다면?

보통 비구독자의 경우는 구독을 하지 않은 경우와, 로그아웃 상태에서 콘텐츠를 시청한 경우로 나뉜다. 트래픽 소스가 유튜브 내에서 많이 발생했다면 구독을 하지 않은 시청자가 많다는 뜻일 수 있다. 이럴 경우에는 구독을 늘리기 위해 화면의 자막과 영상 속 멘트를 동시에 활용해 구독을 요청하면 효과적이다. 통상적으로 영상의 끝 화면에 구독 버튼을 넣는 것이 일반적이지만, 시청 지속 시간이 하락하지 않는 지점에 구독 요청을 하는 것도 좋은 방법. 종 모양 아이콘을 누른 구독자에게 업로드 알림이 전송되는 점을 알리고 클릭하도록 독려하면 좋겠다.

❸ 내 채널의 시청자 입맛에 딱 맞게 만들려면?

'인구 통계 정보'라고도 불리는 연령, 성별, 지역 등의 정보들을 바탕으로 내 시청자들의 취향, 관심사와 관련된 정보를 모은다. 해당 연령, 성별, 지역과 관련된 기사, 논문, 보고서 등의 통계 자료를 바탕으로 콘텐츠를 기획하는 것이다. 그리고 나서 실제로 반응이 좋은지 유튜브 스튜디오 분석 결과를 이전 영상과 비교한다.

구글이 발표한 '알고리즘'의 원리

구글은 유튜브 알고리즘을 100% 공개한 적이 없다. 악용을 염려할 뿐만 아니라 시청자가 많이 그리고 오래 유튜브를 보면서 정보가 많아지고 있으니 딥러닝을 하며 알고리즘에 변화가 잦아지고 있기 때문이기도 하다. 하지만 기본적인 알고리즘에 대해서는 유튜브 크리에이터스 채널에 업로드한 바 있다. 그 내용에 따르면 알고리즘이 적용되는 곳은 홈 화면, 검색, 추천 동영상, 구독, 알림, 인기 급상승 동영상으로 총 여섯 가지다.

① 홈 화면

먼저 홈 화면에는 해당 시청자가 구독하는 채널의 동영상, 비슷한 시청자들이 보는 동영상 그리고 신규 동영상이 노출된다. 동영상이 선정되는 기준은 비슷한 시청자들의 참여도와 만족도 그리고 시청자의 시청 기록과 검색 기록이다. 시청자가 특정 채널이나 주제, 장르를 얼마나 자주 찾는지를 바탕으로 한다.

비슷한 시청자들이 보는 동영상이라는 말은, 일반적인 알고리즘 필터링에서 '협업 기반 필터링'이라 부르는 방식이라 보아도 무방하다. 같은 영상을 본 시청자들 중에서 공통점이 있는 시청자가 본 다른 영상을 추천해주는 방식이라 생각하자. 홈 화면에 노출을 많이 시키고 싶다면 시청자 파악은 필수고, 비슷한 시청자들의 관심 주제를 알아내는 것이 필요하다. 그들이 좋아하는 소재, 촬영이나 편집 방식을 반영해 콘텐츠를 제작해야 한다.

▶ 협업 기반 필터링 예시

'영화 콘텐츠'를 A, B 시청자가 봄

A시청자와 B시청자가 비슷하다
(연령, 언어 등)

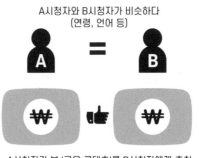

A시청자가 본 '금융 콘텐츠'를 B시청자에게 추천

② 검색

검색의 경우에는 검색어와 가장 관련성이 높은 결과를 상단에
노출한다. 제목과 설명, 동영상 콘텐츠가 시청자의 검색어와 얼

마나 일치하는지에 따라 노출도가 결정된다. 또한 특정 검색어에 대해 어느 동영상의 시청 지속 시간이 높은지가 반영된다. 기억할 것은 조회수가 높다고 상단에 콘텐츠가 노출되지는 않는다는 점이다. 보통 검색을 통해 시청자의 눈을 사로잡고자 하는 콘텐츠는 교육 장르일 가능성이 높다. 궁금할 때마다 찾아보는 경우가 많으니까. 이 경우에는 검색이 되고 싶은 메인 키워드를 정해서 키워드와 관련 깊은 동영상을 제작하고, 제목과 설명란, 태그 등에도 해당 키워드를 넣는 방식을 취하는 것이 좋다. 유의해야 할 부분은 키워드를 많이 나열하는 방식은 오히려 노출에 부정적인 영향을 줄 수 있다는 점이다.

③ 추천 동영상

많은 크리에이터들이 유명한 혹은 조회수가 잘 나온 영상에 자신의 영상이 '추천 동영상'으로 따라붙기를 원한다. 조회수를 물에 비유하자면 높은 조회수가 나온 영상의 추천 동영상이 되는 건 폭포 아래에 앉아 있는 것과 같다. 추천 동영상은 말 그대로 시청자의 활동을 통해 다음에 보고 싶어할 만한 콘텐츠를 추천하는 방식이다.

방탄소년단이 새 뮤직비디오를 발표했다고 치자. 해당 뮤직비디오는 어마어마한 조회수를 자랑할 것이다. 이때 그 뮤직비디오의 리액션 영상이나, 해당 곡의 커버 영상처럼 인기 동영상과 관련이 있는 주제의 동영상이 추천 동영상이 될 가능성이 높다.

또 빠지지 않고 등장하는 요소는, 과거 시청 기록에 있는 동영상이다. 추천 동영상이 되는 방법은 매우 어렵다. 추천은 철저히 개개인에게 맞춰져 있기 때문이다. 하지만 타이밍을 노려 조회수가 높은 콘텐츠와 같은 주제를 다룬다면 가능성이 없지는 않다.

④ 구독과 알림

구독과 알림의 경우에는 시청자가 스스로 구독과 알림 설정을 해야 한다. 유튜브에서 제공하는 최종 화면을 활용하는 것 외의 방법이 있냐고 한다면, 두 가지를 기억해야 한다. 첫째는 매력적인 콘텐츠다. 유튜브 시청은 매일 이뤄지지만 구독은 매일 이뤄지지 않는다. '이 채널의 영상을 두고두고 봐야지' 하는 데까지 생각이 미치지 않으면 구독 버튼을 누르지 않기 때문이다. 두 번째는 채널의 일정한 결을 구축하는 것이다. 구독의 경우에는 시청자가 흥미로워 하는 주제들이 모여 있는 채널이어야만 가능하므로, 소재나 주제 혹은 캐릭터의 결을 일정하게 유지하고 콘셉트를 이어나가는 것이 중요하다.

⑤ 인기 급상승 동영상

인기 급상승 동영상은 유튜브에서 큰 호응을 얻고 있는 영상을 확인할 수 있는 곳이다. 약 15분마다 업데이트되며, 그 순위가 바뀌거나 유지된다. 인기 급상승 동영상에 한번 오르게 되면 굉장히 높은 조회수를 얻을 수 있어 크리에이터들이 탐내하는 자리이기도 하다.

인기 급상승 동영상은 다양한 시청자의 관심을 끄는 영상, 유튜브에서 일어나고 있는 일들을 다루는 영상, 전 세계에서 일어나고 있는 일들을 다루는 동영상 등을 노출하는 것이 목표라고 한다. 보통 인기 급상승 동영상을 선정할 때 유튜브는 조회수와 조회수 증가 속도, 업로드 기간, 유튜브 외부를 포함한 조회수 소스, 같은 채널에 최근 업로드한 다른 동영상과 해당 동영상을 비교한 결과 등을 고려하기 때문에 전략을 수립한다고 해서 올라가기는 매우 까다롭다.

하지만 우리나라의 경우 인기 급상승 동영상은 예측 가능한 부분이 있는 편이다. 아이돌 가수들의 뮤직비디오, 뮤직비디오 티저, 신작 영화 예고편 혹은 리뷰, 탑 크리에이터들의 영상, 스포츠 시즌의 경기, 방송국의 드라마와 예능 콘텐츠 등이 그렇다. 그래서 해당 콘텐츠와 관련 있는 영상을 시의적절하게 만들어 올리면 인기 급상승 동영상에 올라갈 가능성이 있으나 매우 까다롭다는 것을 강조하고 싶다.

알 수 없는 알고리즘이 나를 이끌었다?

유튜브에서 유행하기 시작한 표현이 있다. '알 수 없는 알고리즘이 나를 이 영상으로 인도했다'. 분명 알고리즘은 내가 좋아하는 영상, 관심 분야, 자주 보는 영상을 추천한다고 알고 있는데 전혀 뜬금없는 영상이 눈을 사로잡아 시청을 하게 되었을 때의 반응을 요약한 것이다. 이 표현대로라면 알고리즘이 오류라도 일으킨 것일까?

사실 알고리즘은 계속 똑같은 일을 하고 있다. 앞서 설명한 '나와 같은 영상을 보았던 나와 비슷한 시청자가 본 영상을 추천'하는 방식으로 지금 우리에게 이 영상이 떴을 가능성이 높다. 유튜브가 "너랑 비슷한 애들이 이 영상 많이 보더라. 재밌는지 오래 보더라고. 너도 좋아할 거야. 한번 볼래?" 하면서 추천해줬다고 생각하면 된다. '알 수 없는 알고리즘이 영상으로 인도했다'와 비슷한 맥락에서 '나: 이제 자야지. 유튜브: 강아지 물마시는 영상 볼래?'나 '와, 몰랐는데 나 펭귄이 옆구르기하는 영상 좋아하네' 같은 주접 댓글도 이해할 수 있다. 나와 같은 영상을 보았고, 연령이든 성별, 사용하는 언어가 비슷한 시청자들은 비슷한 취향을 가지고 있을 가능성이 높으니까 말이다.

필터버블 덫으로부터
벗어나는 방법이 있을까?

필터버블Filter bubble은 엘리 프레이저Eli Pariser가 쓴 책 『생각 조종자들: 당신의 의사결정을 설계하는 위험한 집단』에서 처음 사용된 단어다. 저자는 미국의 시민단체 '무브온Move on'의 이사장이자 세계 최대의 시민 단체 중 하나인 아바즈AVAZZ의 공동 창립자이다. 2008년 미국 대선에서 버락 오바마의 당선에 기여하면서 활발한 활동을 이어온 그는 인터넷이 여론을 어떻게 장악하고 조종할 수 있는지 깨달았다고 한다.

그가 말하는 필터버블은, 많은 정보 중 필터가 사용자가 좋아하는 정보만을 여과해 보여주면서 정보의 거품에 사용자가 갇히게 하는 현상을 말한다. 구글, 페이스북, 애플, 아마존과 같은 플랫폼들은 사용자들의 만족도를 높이기 위해 개인화, 맞춤화된 정보를 제공하려고 알고리즘을 토대로 한 필터를 활용하는데, 이 필터로 걸러진 정보가 오히려 사용자가 자신만의 정보 세계에 갇히게 만든다는 것이다.

○
필터버블 속에 갇힌 의식의 흐름

실제로 많은 플랫폼들은 사용자가 자주 보는 것, 좋아하는 것을 근거로 해당 사용자와 비슷한 생각과 비슷한 주장을 하는 콘텐츠를 위주로 제공한다. 앞서 알고리즘에 대해서 살펴본 바와 같이, 이는 유튜브 역시 다르지 않다. 단순히 좋아하는 영상, 관심 있는 영상만을 보는 것이 문제가 아니다. 누적된 필터들을 통해 걸러진 정보만을 접하게 되는 필터버블은 유튜브를 통해 세상을 바라보는 유튜브 세대들에 치명적인 단점이 될 수도 있다. 필터링된 콘텐츠만을 시청하게 되면 유사한 가치관을 지닌 사람들끼리만 소통하며 특정 사고 방식을 강화하는 반향실 효과Echo chamber effect가 일어나기 쉽다. 유튜브 콘텐츠뿐 아니라 그 아래 달리는 댓글을 통해서 나와 비슷한 가치관의 사람들의 의견에 반복적으로 노출되니 혹 다른 의견의 댓글이 달리더라도 그 댓글의 싫어요나, 반박 댓글이 늘어나는 현상을 보며 자신의 가치관을 더욱 확립하게 되는 것이다.

필터버블은 반향실 효과와 비슷한, 기존의 생각이나 신념을 지키는 데 유리한 정보만을 수집하게 하는 확증편향Confirmation bias을 일으키기도 쉽다. 믿고 싶은 대로 믿고, 듣고 싶은 대로 듣고, 보고 싶은 대로 보는 확증편향은 정치적, 사회적인 이슈와 만났을 때 더 큰 문제를 야기한다. 사용자의 의견을 묻지 않고 나와 다른 성향의 콘텐츠를 볼 기회를 애초에 삭제해버리기에 나와 다른 의견을 지닌 사람들의 생각에 접근하지 못하고 이견을 수용하지 못하게 된다. 이로 인해 서로 다른 생각을 가진 사람들 사이엔 오해가 쌓이고, 편견이 단단히 자리 잡게 되는 것이다. 이런 확증편향은 가짜뉴스 소비와 재생산을 가속화시키기도 한다. 잘못된 정보를 하나 접한 후 계속해서 같은 잘못된 정보를 편식하게 되면서 진짜라고 믿게 되는 것이다. 사실보다 개인의 취향이 뉴스의 신뢰도를 결정하게 되는 무서운 일이 일어나고 있는 셈이다.

유튜브를 통해 자신의 가치관, 신념 등을 표현하는 것은 바람직하다. 하지만 그에 부합하지 않는 정보를 무시하게 되면, 유튜브를 토대로 다른 사람과 연결되고 소통하는 것이 아니라 유튜브를 토대로 단절되게 된다. 나와 다른 입장의 사람들과 멀어지게 만든다. 대신 나와 같은 견해의 콘텐츠만 더욱 보게 되니 악순환이 반복된다.

유튜브 세대들에게 필터버블이 무서운 또 다른 이유는, 이 모든 과정이 부지불식간에 일어난다는 점이다. 의식하지 않으면 유튜브가 보여주는 대로 생각하게 된다. 유튜브 알고리즘은 옳고 그름을 판단할 수 없다. 그저 시청자가 좋아했던, 좋아하는, 좋아할 만한 콘텐츠를 추천한다. 이를 통해 발생하는 문제를 해결하기 위해 유튜브는 알고리즘과 커뮤니티 가이드를 계속적으로 발전시키고 있지만 의도를 지닌 영상 업로드 속도가 커뮤니티 가이드의 개선 속도보다 빠르고, 교묘하다.

그렇다면 필터버블로 인해 생기는 문제점들을 정말 해결할 수 없을까? 먼저 유튜브를 비롯하여 필터버블이 일어나는 모든 플랫폼들이 개선점을 찾아야만 한다. 플랫폼의 공공성과 책임을 인정하고 당면한 문제에 기술적인 해결책을 내어야 한다. 하지만 사용자들의 편의성과 만족도에서 자유롭지 못한 플랫폼들의 변화를 기대하는 것은 말처럼 쉽지만은 않은 일이다.

▶ 필터버블 예시

알고리즘의 투명성을 요구하는 전문가들도 있다. 어떤 기준에 의해 필터링이 이뤄지는지 알게 되면 필터버블의 문제를 해결하기가 쉽다는 것이다. 그러나 반대로 알고리즘을 악용하는 사례가 늘어날지도 모른다.

결국 현재로서는 사용자들이 필터버블 현상을 인지하고, 이런 문제로부터 벗어나기 위해 어떤 노력을 해야 할지 고민하는 것이 더 빠를 것으로 보인다. 유튜브 필터버블에서 벗어나는 작은 노력은 다음과 같다.

필터버블에서 벗어나는 법

필터버블에서 벗어나는 법을 강의할 때, 유튜브를 로그아웃하고 사용하면 되지 않느냐는 질문도 있었는데, 일부 검색 기록 기능이 사용되지 않을 뿐, 기기 안에서 추천되는 시스템은 비슷하게 작동하는 것으로 보인다. 또한 유튜브를 즐기는 사람들은 한 번 로그인하고 계속 사용하는 편이다. 구독한 채널의 알림을 받거나 댓글을 쓰기 위해서는 로그인이 되어 있어야 하기 때문에 로그아웃보다는 조금 더 편리하게 필터버블로부터 벗어나는 방법을 소개하고자 한다.

▶ 필터버블에서 벗어나는 방법

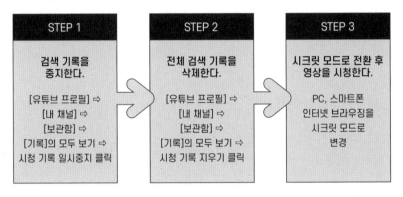

STEP 1	STEP 2	STEP 3
검색 기록을 중지한다.	**전체 검색 기록을 삭제한다.**	**시크릿 모드로 전환 후 영상을 시청한다.**
[유튜브 프로필] ⇨ [내 채널] ⇨ [보관함] ⇨ [기록]의 모두 보기 ⇨ 시청 기록 일시중지 클릭	[유튜브 프로필] ⇨ [내 채널] ⇨ [보관함] ⇨ [기록]의 모두 보기 ⇨ 시청 기록 지우기 클릭	PC, 스마트폰 인터넷 브라우징을 시크릿 모드로 변경

위의 방법을 활용한다고 해서 100% 필터버블에서 벗어난다고 말할 수 없다. 사용자가 계속해서 주의하는 수밖에 없다. 지금껏 보아온 콘텐츠와 다른 이야기를 하는 콘텐츠를 스스로 검색하거나, 내가 보는 정보에 대해 합리적인 의심을 하면서 주체적으로 소비하는 방법이 지금으로서는 최선으로 보인다.

필터버블이 비단 유튜브만의 문제는 아닌지라 해결 방안을 찾기 위한 노력들이 있었다. 주로 뉴스 기사에 관련된 서비스가 많은데 특정 콘텐츠를 편향적으로 소비하면 경고 메시지를 보내는 애플리케이션 '리드 어크로스 디 아일Read Across the Aisle'이나 다른 관점의 기사를 추천해주는 영국 가디언지의 '버스트 유어 버블Burst your bubble'와 같은 서비스도 있다. 개인적으로 이런 비슷한 서비스들이 유튜브에서도 제공되기를 기대해본다.

모두가 콘텐츠 큐레이터가 되어야 한다?

콘텐츠 큐레이터란 표준 직업 분류상 기자 및 언론 전문가로 분류되며, 콘텐츠와 미디어 관련 정보를 수집하고, 분석, 평가하는 직업이다. 주로 뉴스 기사와 보고서, 글, 동영상, 사진 등과 같은 자료를 수집하는데 최근에는 SNS 피드도 수집의 대상으로 보인다.

콘텐츠 큐레이터도 일종의 필터버블을 일으키는 주범이 아니냐는 의견도 존재한다. 수많은 정보 중 특정 정보를 선택한다는 점은 플랫폼들의 필터와 다를 바 없이 여겨지기 때문이다. 하지만 사용자 모르게 필터링이 이뤄지는 것과 달리, 콘텐츠 큐레이터는 수집하는 정보의 특정 주제나 분야를 알려준다. 의뢰를 통해 큐레이션을 하는 경우에는 그 기준이 더욱 명확하다. 큐레이션 마케팅이 점점 늘어남에 따라 전망이 밝은 미래 직업 중 하나다.

콘텐츠 큐레이터는 관련 정보의 가치와 의미를 평가하여 다시 글이나 영상을 통해 정리해 필요한 사람들에게 전달한다. 다시 말해 정보 소비자이면서 동시에 정보 제작자이기도 하다. 나는 앞으로 모든 유튜브 이용자들이 스스로를 위한 개인 콘텐츠 큐레이터가 되기를 바란다. 직업적인 전망을 떠나 정보를 모으고 의미 있는 정보를 선별하는 능력을 갖출 수 있기 때문이다. 의식적으로 다양한 콘텐츠를 보고 찾고, 자신만의 콘텐츠를 제작하는 경험을 쌓으면 갖춰지는 능력이기 때문에 하루 빨리 시작할 것을 권한다.

○
**어떻게 콘텐츠 큐레이터로
활동을 시작할 수 있을까?**

이 능력을 갖추면 필터버블을 무서워하지 않아도 된다. 필터버블을 고민한다는 것 자체가 이미 필터 버블의 문제점을 인식하고 있다는 뜻이다. 본인이 큐레이터이기 때문에 필터버블처럼 그 기준을 모르거나 할 수가 없다. 이 부분이 염려된다면 큐레이션할 때 유튜브의 재생목록 기능을 활용할 것을 추천한다. 흘러가는 유튜브 시청 경험을 목록으로 정리해 볼 수 있다. 따라서 특정한 정보만을 소비했는지 한눈에 알아볼 수 있어 필터버블이 의심될 때 의도적으로 다양한 의견의 콘텐츠를 찾아보도록 하는 기준이 되기도 한다.

또한 선별된 정보를 재가공하는 과정에서 자신만의 통찰이 자란다. 이런 과정은 유튜브 영상을 현명하게 소비하도록 돕는다. 또한 필요에 따라 좋은 정보를 찾을 수 있으며, 유튜브 영상을 소비만 하는 것이 아니라 자신의 사고를 기르는 데 활용할 수 있다. 유튜브를 생각 없이 보면 유튜브가 원하는 대로 생각하게 된다. 하지만 정보를 재가공해 글이나 영상을 제작하기 위해서는 자신만의 생각이 더해져야만 가능하다.

정보를 모으고, 선별하고, 재가공하는 과정을 가볍게 적어보았다. 큐레이션한 내용을 SNS, 블로그, 유튜브 등에 올리고 다른 사람들의 의견을 받아보자. 멈추지 말고 이 과정을 여러 번 하면 같은 분야의 책을 여러 권 읽는 것과 비슷한 효과를 보게 될 것이다. 자신만의 큐레이션 방법이나 노하우가 쌓이면서 큐레이션은 더욱 쉽고 빠르게 진행되면서 유튜브에서 효율적으로 정보를 얻어내는 능력을 갖추게 될 것이라 자신한다.

콘텐츠 큐레이션 과정

❶ 콘텐츠의 주제를 선정하고 해당 주제로 재생목록을 만든다.

재생목록은 [프로필]-[유튜브 스튜디오]-[재생목록]-[새 재생목록 만들기]에서 만들 수 있다. 재생목록 이름은 150자까지 입력이 가능하지만 한눈에 보기 좋게 10자 내외로 간단하게 적는 것을 추천한다.

❷ 콘텐츠 주제와 어울리는 콘텐츠를 만든 재생목록에 저장한다.

대략 10~30개 정도 콘텐츠를 저장한다. 유튜브 영상 바로 아래 '저장' 버튼을 누르고 만들어 놓은 재생목록 이름을 누르면 내 재생목록에 영상이 저장된다.

❸ 재생목록으로 모은 영상을 살피면서 겹치는 내용이 있거나 상대적으로 정보가 빈약한 영상은 삭제한다.

정리한 재생목록을 바탕으로 콘텐츠 주제를 결정한 이유와 해당 영상을 고른 이유, 그리고 모은 영상을 살피며 떠오른 생각을 글이나 영상으로 정리한다. 처음에는 글로 생각을 정리하는 것이 나중에 영상을 제작할 때 용이하다.

유튜브 리터러시 : 나는 어디쯤 있을까?

유튜브 리터러시는 유튜브와 리터러시를 합친 말이다. 리터러시Literacy란, 문자를 읽고 쓰는 능력을 말하니 유튜브 리터러시는 '유튜브를 보고 만드는 능력'이다. 유튜브 리터러시의 구성 요소는 르네 홉스Renee Hobbs의 미디어 리터러시 구성 요소를 차용하여 접근, 분석과 평가, 창조, 성찰, 행동으로 분류해볼 수 있겠다.[41] 정리하면 유튜브에 접근해 시청하고, 원하는 대로 조작하며 콘텐츠를 넘어서 매체와 현상에 대해 평가하고, 콘텐츠를 제작하는 일련의 과정을 이해해 소통하고 반성하고 그 내용을 바탕으로 다시 행동하는 능력이다.

유튜브 교육이라고 하면 대부분의 사람들이 촬영과 편집을 떠올린다. 유튜브랩에게 커리큘럼 구성을 요청하거나 자문을 구하는 기관과 기업이 많은데, 그들도 별반 다르지 않다. 요즘 열리는 온라인 과정이나 자격증 과정, 오프라인 강의나 학원의 커리큘럼을 보면 대체로 촬영과 편집에 가장 긴 시간을 들이고 있다.

영상 제작의 과정 중 일부인 촬영과 편집이 곧 유튜브 크리에이터가 되는 방법이라 생각하기 때문이다.

하지만 유튜브 교육에는 영상 기획, 트렌드 읽기, 다른 플랫폼과의 유기적 운영 전략, 수익, 콘텐츠별 분석법, 시청자 소통, 유튜브 리터러시 등 다양한 분야의 내용이 포함된다. 그 중에서도 가장 중요한 것이 바로 유튜브 리터러시다. 좁게 보면 허위 정보를 토대로 콘텐츠를 제작하지 않거나, 저작권이나 초상권 같은 법령을 어기지 않는 선이다. 이건 상식이라 생각하는 사람들이 많다. 그래서 굳이 따로 시간을 내어 공부를 해야 하는지 의구심을 갖기도 한다.

하지만 넓게 보면 콘텐츠에서 의견을 표현하는 방식과 유튜브를 이해하는 능력을 모두 아우르는 말이 바로 유튜브 리터러시다. 유튜브 리터러시가 약하면 긴 호흡으로 유튜브 크리에이터를 활동을 하기 어렵다. 뉴스에서 눈살을 찌푸리는 크리에이터들의 사건 사고 대부분이 유튜브 리터러시와 관계가 있다.

유튜브 시대를 살아가는 데 꼭 필요한 유튜브 리터러시. 나는 이 능력을 얼마나 갖추고 있는지 다음 체크리스트로 확인해 보자.

▶ 유튜브 리터러시 능력 체크리스트

Check	질문
	나는 유튜브를 보고 싶을 때 접속할 수 있다.
	나는 유튜브에서 정말 내가 원하는 콘텐츠를 보고 있다.
	나는 유튜브 플랫폼을 원하는 대로 조작할 수 있다.
	나는 유튜브에서 어떻게 이익을 창출하는지 설명할 수 있다.
	나는 콘텐츠의 제작과 유통에 영향을 미치는 요소를 설명할 수 있다.
	나는 크리에이터의 콘텐츠 제작에 영향을 미치는 요인이 무엇인지 알고 있다.
	나는 내가 구독하는 채널의 크리에이터가 콘텐츠를 통해 전달하고자 하는 바를 이해하고 있다.
	나는 콘텐츠를 받아들이는 나만의 자세와 신념을 가지고 있다.
	나는 영상, 음악, 자막의 조합과 배치에 따라 어떤 의미를 전달할 수 있는지 알고 있다.
	나는 영상의 카메라 구도나 편집 등의 변화를 감지할 수 있다.
	나는 영상 콘텐츠에서 제시하는 내용이 사실인지 확인한다.
	나는 해당 콘텐츠에서 다루는 소재를 다른 영상으로도 찾아본다.
	나는 해당 콘텐츠에서 다루지 않은 내용도 반드시 찾아본다.
	나는 같은 장르의 다른 콘텐츠 사이 차별점을 말할 수 있다.
	나는 콘텐츠를 분석하고 비판할 수 있다.
	나는 유튜브 크리에이터에게 내가 원하는 메시지를 전달할 수 있다.
	나는 유튜브 플랫폼의 특성을 설명할 수 있다.

결과 확인

0~5개　:　유튜브 리터러시에 좀 더 적극적으로 관심을 가져야 할 단계다.

6~10개　:　조금씩 유튜브 리터러시 근력 운동을 시작해야 한다.

11~15개　:　이제 웬만큼 다 안다고 자부할 수 있다.
　　　　　　조금 더 노력하면 원하는 수준까지 금방 도달할 것이다.

16~20개:　평소에 유튜브에 대한 관심과 분석, 성찰과 그에 따른 행동이
　　　　　　균형을 이루고 있는 단계다.

콘텐츠 바다에서 '나만의 관점'을 키우는 방법이 있을까?

콘텐츠의 바다인 유튜브에서 휩쓸리지 않으려면 자기만의 관점을 지니는 것이 중요하다. 유튜브에서는 매일 하루에 다 보지도 못할 만큼 많은 정보가 쏟아지고 있기 때문이다. 멈춤 없는 유튜브 콘텐츠 과식은 눈과 같은 신체에만 무리를 주는 것이 아니다. 유튜브가 들이붓는 콘텐츠 사이에서 내 생각이 숨 쉴 수 있는 틈을 주어야 한다.

유튜브를 즐기기만 하면 되는 것 아니냐는 생각은 안전 장치 없이 망망대해에서 헤엄치는 것과 같다. 자신도 모르는 사이, 유튜브 콘텐츠의 파도에 휩쓸릴 수 있으니까. 그러니 나만의 관점이라는 구명조끼를 반드시 입어야 한다.

나만의 관점을 지니는 것이 중요한 또 다른 이유는 유튜브에서 그게 그것인 콘텐츠를 제작하지 않기 위해서다. 유튜브 콘텐츠에는 유행이 있다. 유행 안에서도 개성이 살아나는 콘텐츠가 사랑을 받을 수 있는 법이다. 그저 콘텐츠를 계속 보기만 하면 비슷한 콘텐츠가 만들어질 수밖에 없다. 나만의 관점으로 콘텐츠를 보면서 약간의 차별화, 작은 디테일의 변화를 주면 같은 소재와 주제, 장르더라도 콘텐츠가 색다르게 보인다.

크리에이터로 활동을 하고 싶다면 질문을 하며 콘텐츠를 보는 습관을 들여야 한다. 그건 기본적인 자질이고 역량이다. 유명한 크리에이터들은 이런 과정이 자동으로 머릿속에 탑재되어 있을 만큼 알게 모르게 많은 훈련을 거듭한 사람들이다. 어떤 크리에이터든 단번에 성공하는 것처럼 보여도 사실은 매우 복잡한 과정을 거쳐 콘텐츠를 제작하고 있다. 그 복잡한 과정을 조금이나마 쉽게 하는 것이 콘텐츠를 보는 자기만의 관점을 갖고 콘텐츠를 보고 기획하는 것이다.

'나만의 관점'을 키우기 위한 질문

유튜브 영상을 볼 때 자기만의 관점을 가지는 방법은 간단하다. 먼저 유튜브 영상을 보기 전에 질문을 하나 생각한다. 다음 페이지의 질문을 참조해도 좋다. 영상을 다 본 후에 생각한 질문에 대한 답을 떠올리는 것이다. 질문하는 태도는 영상을 대하는 자세를 바꾼다. 질문에 답을 하기 위해 콘텐츠를 꼼꼼하게 보게 만든다. 생각하면서 시청하게 한다. 귀찮더라도 나만의 관점을 키우는 연습이라 생각하자. 많이 하지 않아도 괜찮고 매일 하지

않아도 좋다. 하루에 1시간 유튜브를 본다면 시청한 영상 중 1개
만 이라도 이런 질문과 답을 생각해보자. 정답은 없다. 생각한다
는 것 자체가 중요하다.

나만의 관점을 키우기 위한 질문 리스트

▷ 나는 왜 이 영상을 보는가?

▷ 다른 사람들은 왜 이 영상을 볼까?

▷ 이 영상의 주 시청자는 누구일까?

▷ 이 영상에 좋아요(혹은 싫어요)를 누른 사람들은 어떤 사람들일까?

▷ 이 영상은 재밌는가? 유익한가? 감동적인가? 놀라운가? 공감이 가는가?

▷ 재밌다면 왜 재밌는가?
　(유익하다면, 감동적이라면, 놀랍다면, 공감이 간다면 그 이유는?)

▷ 재미가 없다면 왜 재미가 없다고 느꼈는가?
　(유익하지 않다면, 감동적이지 않다면, 놀랍지 않다면, 공감이 가지 않는다면 그 이유는?)

▷ 비슷한 영상을 본 적이 있는가? 어디가 비슷하다고 느꼈는가?

▷ 해당 채널의 다른 영상에도 관심이 가는가?

▷ 영상 제작자는 무슨 의도로 이 영상을 만들었을까?

▷ 나는 영상 제작자가 원하는 대로 반응했을까?

▷ 나라면 이 영상을 어떻게 만들었을까?

▷ 이 영상의 가치는 무엇인가?

책에 있는 질문 외에도 자신만의 질문지를 만들어두고 영상을 본다면 이전보다 더욱 날카로운 시각을 얻게 될 것이다. 질문과 자신의 답을 기록해둔다면 더더욱 좋다. 그 자체로 훌륭한 유튜브 콘텐츠 분석 자료가 되어있을 것이다. 자료가 많으면 활용할 방법도 많아진다. 유튜브 플랫폼을 이해하거나 최근 유튜브 콘텐츠 트렌드 등 유튜브 현황을 이해하는 데도 도움이 되고, 내가 좋아하는 콘텐츠, 별로라고 판단한 콘텐츠에 대해 알게 되면서 나의 콘텐츠 소비 현황도 알 수 있다. 나를 알고 플랫폼을 안다는 것은 곧, 지피지기면 백전백승이란 얘기다.

크리에이터를 꿈꾼다면 반드시 묻는 질문

Q

유튜브 크리에이터들의 실제 수익은 얼마나 될까?

유튜브 크리에이터들은 어떻게 돈을 벌까? 유튜브 내부 수익으로는 다양한 경로가 있다. 광고나 홍보 영상을 제작하여 업로드하는 브랜디드 콘텐츠 즉 유료 광고 제작으로 돈을 벌기도 하며, 강의나 강연을 나가기도 하고 책을 출간해 돈을 벌기도 한다. 유튜브에서 얻은 인기를 바탕으로 상품이나 서비스를 출시하여 사업으로 발전시키는 사례도 있다. 많은 크리에이터들이 수익 다각화를 위해 노력하고 있다.

그 이유는 더 많은 돈을 벌기 위함도 있지만, 채널 수익이 들쑥날쑥한 경우가 많기 때문이다. 유튜브에 접속해서 유튜브 수익이라고 검색하면 수백 개의 콘텐츠가 뜨는 것을 확인할 수 있다. 이제 막 시작한 초보 유튜버에서부터 이름만 대면 알만한 탑 크리에이터들도 자신의 유튜브 수익을 밝히거나 추측하는 콘텐츠를 업로드한다. 해당 영상들을 시청해보았다면 알겠지만 유튜브 크리에이터들의 수익 차이는 정말 극명하게 나뉜다.

1인 미디어 콘텐츠 크리에이터 250명을 대상으로 설문조사와 심층 면접을 진행한 바 있다.[42] 이때 전업 크리에이터 60명의 월 평균 소득은 536만

원이었지만 최고 소득이 5,000만 원, 최저 소득이 5만 원으로 절반 이상의
월 평균 소득은 150만 원 이하로 밝혀졌다.[43] 구독자 1,000명, 1년 이내에
시청 시간 4,000시간이라는 수익 창출 조건에 도달하지 못해 소득이 없는
크리에이터나, 크리에이터를 중도 포기한 사람들까지 고려한다면 평균 소
득은 더 떨어질 수도 있겠다.

또 다른 참고해볼 만한 자료로는 「2019년 귀속 1인 미디어 창작자」가 있
다. 해당 자료에 의하면 유튜버를 포함한 1인 미디어 창작자 2,776명은 총
875억 1,100만 원을 벌었다고 한다. 기계적으로 나누면 1인당 평균 수입이
3억 1,500만 원에 달한다. 하지만 그 중 상위 1%인 27명이 181억을 넘게 벌
어 평균 6억 7,000만 원의 소득을 내었고, 하위 50%는 총 15억 원을 벌어
들여 평균 108만 원 수준이었다.[44]

2019년 9월부터 1인 미디어 콘텐츠 창작자 과세 코드가 신설되어 수입
신고를 했기 때문에 이전에 다른 업종으로 신고한 경우의 수입을 파악하기
는 어렵고, 수익이 간헐적으로 발생해 사업소득이 아니라 기타소득으로 신
고하는 경우도 있다.[45]

2020년 광고 수입이 월 700만 원 이상 발생할 것으로 추정되는 구독자
10만 이상의 채널은 3,829개라고 한다.[46] 하지만 10만 이상의 구독자를 지
닌 크리에이터들 중 수입이 월 700만 원이 안 되는 경우도 많다는 점을 생
각해볼 때, 이 또한 정확한 수익이라 보기 어렵다.

유튜브 크리에이터들이 돈을 잘 번다고 하지만 모두가 꼭 그런 것만은 아
니다. 수익을 얻을 경로를 부지런히 만들어야 월급에 준하거나 그 이상을 벌
어들일 수 있게 된다. 혹시 유튜브로 돈 버는 데 환상이 있다면 혹은 그 때문

에 채널 운영에 어려움을 겪고 있다면 꼭 기억했으면 한다. 어떤 업계든 상위 10%는 돈을 많이 버는 법이다. 방탄소년단이나 블랙핑크가 상상하기 어려울 만큼 큰 수익을 벌고 있지만 우리 눈에 보이지 않게 아르바이트를 하면서 활동하는 아이돌들의 수가 더 많다. 김연경 같은 월드 클래스 스포츠 선수는 수입이 높지만 평범한 연봉을 받는, 우리가 모르는 선수들이 더 많다. 모두가 노력하고, 모두가 스트레스를 받고, 모두가 열심히 하고 있지만 벌어들이는 수익에서는 차이가 날 수 있다. 유튜브만 그런 게 아니라 세상의 이치가 다 그런 게 아닐까 한다.

그나마 다행인 점은, 아이돌이나 스포츠 스타가 되기에는 늦은 나이가 있을 수 있어도 유튜브 크리에이터가 되는 데는 나이나 신체적 허들이 없다는 것이다. 그러니 기회의 면에서 유튜브가 훨씬 열려 있다. 그러니 마음을 편안하게 먹고 처음에는 부업처럼, 취미처럼 시작하기를 바란다. 꼭 수익을 내야 한다면, 사업가의 마인드와 창업자의 자세로 유튜브 자체 수익 외에 다른 방법도 찾아서 병행하기를 바란다.

Q
구글 신의 간택을 받아야 성공한다?

사실 이 글을 쓸 때 한 줄로 요약하고 싶었다. '그런 거 없다'로. 조회수가 갑자기 잘 나오면서 구글 신의 간택을 받게 된 것이라 표현한 것일 뿐. 해당 영상은 애초에 사람들의 마음을 사로잡을 여지가 충분했던 영상일 가능성이 높다.

해당 영상의 제작자인 크리에이터가 영상의 매력을 모르거나, 좋은 결과를 예상하지 못했기 때문에 이런 답을 내린 것일 수 있다. 또 다른 의견으로는 내가 만든 콘텐츠에 비해 퀄리티가 현저히 낮아 보이는데 내가 만든 콘텐츠보다 조회수가 많이 나올 때 이해가 안 되는 마음을 담아 그렇게 표현했을 수도 있다.

유튜브는 취향에 따라 콘텐츠를 추천하지, 콘텐츠의 퀄리티나 옳고 그름을 판단하지 않는다. 따라서 급상승한 콘텐츠에는 잘 되는 이유가 있고 그 이유가 사람마다 납득이 되지 않느냐의 차이만 있을 뿐이다. 유튜브의 기준이 너무 모호하고 종잡을 수 없는 것처럼 느껴지는가? 우리 시청자들이 그렇다.

Q

채널을 새로 시작하면 떡상한다?

채널을 새로 시작하면 떡상한다고 누가 처음 말했을까? 추측건대 아마 다른 플랫폼의 알고리즘을 조금은 알고 있는 사람이 아닌가 한다. 나도 온라인 마케터로 일을 시작했던 2011년부터 '새로 시작하면 잘된다'는 이야기를 익히 들어와서 그렇다.

기본적인 검색 사이트들의 알고리즘은 비슷할 수 있다. 사용자가 검색어를 넣고 좋은 검색 결과를 찾으려는 것이 해결 방법이기 때문이다. 그래서 검색어와 정보의 일치도, 검색 사용자들의 만족도가 알고리즘의 주요 요소가 된다. 하지만 플랫폼마다 알고리즘을 구성하는 구체적인 내용은 다르다. 둘다 자동차라고 해서 다 휘발유가 연료가 아닌 것과 같은 이치다.

꼭 다른 플랫폼의 알고리즘 루머가 아니더라도, A라는 채널을 운영하던 크리에이터가 기존의 방식을 고수하지 않고 새롭게 거듭나 B채널을 운영하면서 생긴 말이 아닌가 한다. 실제로 유명 경제 채널인 '신사임당'을 운영하는 주언규 작가가 자신의 책 『킵고잉』에서 밝힌 '신사임당 탄생기'를 보면 사진 잘 찍는 법에 대한 채널, 게임 채널, 요리 채널, 축구 게임 중계 채널, 홈카페 채널, 셀프 인테리어 채널 등 여러 가지 시도 끝에 신사임당 채널이 만들어졌다고 한다.

단순히 채널을 새로 시작한다고 해서 급성장이 이뤄지지는 않는다. 콘텐츠 소재, 주제, 제작 방식, 운영 방식을 다 바꾼다면 모를까. 만드는 사람의 습관이나 채널 운영 방식이 똑같으면 결국 그냥 채널이 하나 더 생길 뿐이다.

Q

유튜브의 트렌드는 어디서 배울 수 있는가?

유튜브의 트렌드를 살피기 가장 좋은 곳은 '유튜브 컬처&트렌드 리포트'다. 유튜브는 유튜버들을 위해 문화 및 트렌드 보고서를 발표하고 있고, 그걸 모아서 볼 수 있는 공간을 제공하고 있다. 문화와 트렌드를 확인할 수 있는 객관적인 설문조사 및 데이터 등이 일목요연하게 정리되어 있다. 주로 영어로 설명되어져 있으나 보고서를 클릭하면 한글로 정리된 화면으로 넘어간다.

트렌드를 배우는 데는 노력이 필요하다. 인기 급상승 동영상 화면에 접속하는 것이다. 그냥 보기만 해서는 안 된다. 5번 정도 훑는 것이 중요하다. 처음에는 어떤 소재의 콘텐츠들이 올라와 있는지 본다. 겹치는 소재들이 있을 것이다. 다음 주에도 같은 소재가 등장한다면 꽤나 유행하는 내용일 가능성이 있으므로 체크해둔다. 두 번째로는 현재 우리나라의 이슈를 유념하며 관련 영상이 있는지 확인한다. 실시간 검색이 차지하던 위용을 요즘은 유튜브 인기 급상승 영상에서 확인할 수 있다. 지금 가장 사람들이 관심을 갖는 것이 무엇인지 확인한다. 세 번째로는 급상승 영상에 오른 썸네일의 특징과 공통점을 살펴본다. 썸네일의 테두리, 로고 위치, 자주 사용하는 색상, 제목의 위치, 제목의 폰트, 크기, 등장인물들의 이미지 등 살필 점이 상당하다. 전부를 세세히 따지기보다는 대략적인 경향성을 확보하자. 네 번째로는 관련 콘텐츠들끼리 대략적으로 묶어 시청한다. 내가 묶은 콘텐츠가 관련이 있는지 위주로 가볍게 본다. 마지막으로 다시 한 번 영상을 분류하고 그 안에서 자주 쓰이는 유행어나 촬영, 편집 기술이 있는지 점검하며 꼼꼼하게 영상을 시청한다. 이 과정을 1~2주에 한 번 정도 하면 대한민국 유튜브 트렌드는 이미 당신의 손 안에 있을 것이다.

CHANNEL
#4
대비

변화하는 플랫폼에
어떻게 대비해야 할까?

10명 중 6명은
유튜브 크리에이터를 꿈꾸는 나라

유튜브 덕분에 직업 선택의 폭이 한층 넓어진 듯하다. 유튜브 크리에이터를 꿈꾸는 이들이 성인 10명 중 6명이라고 한다.[47] 관심 있는 분야에 도전하고 싶어서, 재미있게 할 수 있을 것 같아서, 직장인 월급보다 많을 것 같아서, 취업보다는 쉬울 것 같아서, 평생 할 수 있을 것 같아서 등 구체적이고 현실적인 이유가 많이 나왔다.[46]

'나도 유튜버 해볼까?' 하는 생각은 직장인들도 많이 하는 것 같다. '유튜브 할 거야'가 '퇴사할 거야', '술 끊을 거야', '살 뺄 거야'와 함께 직장인 4대 허언에 등극한 지 오래다. 그러면서도 겸업 금지 조항에 대해서 알아보고 촬영 장비를 구매하면서 유튜브 콘텐츠 제작에 가장 열정을 보이는 직장인들도 많다. 하지만 이 말이 허언으로 불리는 데는 이유가 있다. 우리가 늘 사직서를 가슴에 품고 다니지만 함부로 회사에 내놓지 않는 것처럼 유튜브도 하고 싶은 마음은 굴뚝같으나 맘처럼 잘 안 되기도 하고 덥

썩 시작하기도 겁이 나기 때문일 것이다.

유튜브를 하고 싶어하는 그룹은 또 있다. 초등학생 장래희망 4위가 바로 유튜버다.[48] 전년도 조사에서 3위를 기록했던 것에서 한 단계 낮아진 순위이지만 여전히 초등학생들은 유튜버를 꿈꾼다. 실제로 수업을 나가면 가장 많은 질문을 하는 수강생들이 바로 초등학생들이다. 스마트폰으로 촬영과 편집 수업을 진행하면 가장 빠르게 결과물을 만들어 오는 것도, 한 달 강의가 지나면 거의 전원이 채널을 운영하는 것도 초등학생들이다.

우리나라에서는 2015년부터 구독자 10만 명 이상의 채널의 수가 가파르게 성장 중이다. 유튜브 시장이 커지고, 유튜브 크리에이터에 대한 관심이 커지면서 유튜브 관련 학과도 속속들이 생기는 중이다. 국내 최초로 유튜버학과를 개설한 세종사이버대를 비롯하여 목포과학대, 남예종예술실용전문학교, 한양사이버대에서 유튜브 관련 학과를 만들거나, 유튜버 양성 교육을 진행 중이다.

학과까지 신설되고, 직장인을 비롯한 성인과 초등학생이 모두 꿈꾸는 유튜브 크리에이터. 우리가 유튜버가 되고 싶은 이유는 무엇일까? 먼저 유튜브를 오래, 자주 보아서 익숙한 직업이기 때문일 것이다. 우리나라의 직업의 수는 1만 6,891개라고 한다.[49] 이렇게 많은 직업들이 존재하고 새로 생겨났지만 이 수많은 직업이 대부분 익숙하지 않기 때문에 애초에 시도할 생각도 할 수 없는 것이 첫 번째일 것이다. 두 번째로는 낮은 진입 장벽 덕분이다. 스마트폰만 있으면 일단 시작할 수 있으니 누구나 도전에 부담이 없다. 크리에이터를 꿈꾸기에 좋은 환경이다.

하지만 꿈을 이루기는 쉽지 않은 모양이다. 실제로 수강생 채널 유지 비율을 따지면 하는 사람보다 그만두는 사람들의 수가 많다. 누구나 유튜버가 될 순 있지만 각자가 그리던 모습의 유튜버가 되기는 어렵다.

유튜브를 시작하지 못해서 조급한가? 괜찮다. 대부분 그렇다. 혹시 유튜브를 시작했는가? 당신은 이미 크리에이터이다. 유튜브를 운영한 지 6개월이 넘었는가? 베테랑 유튜버가 될 준비가 갖춰져 있다. 유튜브를 운영한 지 1년이 되었는가? 성공할 가능성을 쌓는 중이다.

시작하고 포기하지 않은 것만으로도 유튜브 크리에이터로서 이미 대단한 결심을 이뤄내는 중이다. 당신은 거의 문 앞에 다다랐을지도 모른다. 그 문 앞에서 쉽게 돌아서지 않도록 단단히 내실을 다지기를 응원한다.

유튜브 전문가가 절실한 대한민국

앞서 이야기한 것처럼 유튜브 교육이 대폭 늘어났다. 유튜브 랩의 강의 스케줄을 예로 들자면 보통 6~7개월 전에 예약이 다 찰 정도다. 유튜브로 강의를 해봐야 얼마나 하겠는가, 혹은 정말로 그렇게 강의가 쇄도하는가 궁금해하는 이들이 많다. 유튜브 랩은 나와 박현우 공동 대표가 기획, 촬영, 편집, 업로드 이외에 유튜브 트렌드, 자기계발, 대화법, 브랜딩, 마케팅, 광고, 리터러시, 저작권 및 가이드, 제작 윤리, 멘탈 케어 등 커리큘럼을 다양하게 마련해 두고 있다.

유튜브랩이 강의를 맡는 곳은 크게 기관, 기업, 학교로 나뉜다. 시민, 도민들을 대상으로 하는 자기계발 및 교양 수업, 취업 및 창업 수업, 그리고 공무원을 대상으로 하는 역량 강화 수업이 주로 이뤄진다. 소상공인을 대상으로 하는 경우도 많다. 기업에서는 서포터즈나 기자단 같은 대외활동을 위한 강의 혹은 강연, 재단에서 지원하는 단체를 위한 강의나 사원들을 위한 강의도 열린다. MCN과 함께 크리에이터 컨설팅을 하거나, 육성 교육을 담당하기도 한다. 초중고등학교에서는 학생들을 대상으로 하는 진로 교육이, 교사 분들을 대상으로 하는 유튜브 리터러시 교육이 잦고, 대학에서는 주로 교수나 교직원을 대상으로 하는 강의가 학생들을 대상으로 하는 강의보다 요청이 자주 들어온다. 최근에는 유튜브 운영 경험, 강의 경험 등을 중심으로 하여 엄선한 강사 분들과 함께 팀으로 활동 중인데 여전히 강사 수의 부족함을 온몸으로 느끼고 있다. 유튜브랩 외에도 유튜브 관련 강의를 하시는 분들이 계시다. 그분들 역시 늘 '강사가 모자라다'라는 말을 입버릇처럼 하곤 한다.

강의 수요는 많으나 강사가 적은 이유는 무엇일까? 위에서 언급했듯 강의처는 많고 앞으로 더 늘어날 것이다. 그에 맞추어 관련 강의를 하겠다는 강사들도 늘고 있긴 하지만 대체로 유튜브 채널 개설이나 촬영, 편집에 초점을 맞춘 경우가 많다. 자신의 경험과 노하우를 살린 색다른 강의 커리큘럼을 지닌 강사는 여전히 부족하다. 강사를 찾기 어려우니 유명 유튜브 크리에이터에게 강의를 맡기고 싶다며 연락이 오는 경우가 종종 있다. 하지만 일단 성사가 어려운 것이 크리에이터가 모두 강의력을 갖춘 것은 아니기 때문이다. 이미 강의력을 갖춘 크리에이터의 경우 강의료가 그들의 브랜디드 콘텐츠 비용에 맞먹는 매우 높은 가격이라 진행이 불발되는 경우가 더 많다. 그러다 보니 실력이 입증된 교육 업체에만 수요가 몰리는 경우가 생긴다.

여기까지만 들으면 경쟁자가 적어 강의, 강연으로 먹고 살 걱정이 적어 보일지도 모른다. 하지만 이는 우리나라의 유튜브 환경에도 좋지 못하고 나아가 유튜브랩에게도 전혀 이득이 아니다. 전문가가 적다는 것은 발전이 더딜 수 있다는 것이고 전체 파이의 크기가 계속 유지된다는 뜻이 된다. 파이의 크기가 유지된다는 것은 결국은 작아진다는 것을 의미하니 강의와 강연을 하는 사람들에게 이로울 것이 없다.

2019년 과학기술정보통신부에서 '1인 미디어 활성화 방안'을 내놓았다. 유튜브를 비롯한 1인 미디어를 앞으로 새로운 먹거리를 창출할 수 있는 기반으로 본 것인데 전문가가 많지 않으면 제대로 된 분석과 예측이 어렵다. 관련 문제가 생겼을 때 발 빠르게 대처하기도 쉽지 않다. 결국 이 시장은 좁은 생태계로 머무르게 될 것이다.

크리에이터들이나 크리에이터들이 대거 파트너십을 맺고 있는 MCN 회사들에 광고 외에 다른 수익 모델이 없다는 상황도 우려를 사고 있다. 유튜브 문화가 먼저 발달한 미국의 대형 MCN들이 도산 위기에 있는 것을 보면 우리나라의 경우도 신중을 기해야 한다. 하지만 멀리 보고 움직이는 경우보다는 당장의 이익에 휘둘리는 모습이 포착된다. 거짓으로 콘텐츠를 제작하는 콘텐츠나 뒷광고와 같은 문제가 계속해서 불거지는 것을 보면 말이다.

이 글을 쓰던 날, 마침 유튜브 전문가에 관한 직무 강의를 다녀왔다. 주최 측과 강사들은 모두 강의장에서 마스크를 쓴 채

강의를 진행하고, 수강생들만 온라인을 통해 강의를 듣는 형식
이었다. 사회자는 필자를 유튜브 전문가로 소개했는데, 채팅창
에 질문이 올라왔고 나는 그 질문을 읽었다. "유튜브에 전문가
가 있나요?"

주최 측은 굳이 이 질문을 읽고 답할 필요가 있나 하며 뜨악한
표정을 지었지만 나는 도리어 이런 질문이 반가웠다. 늘 수강생
들에게 유튜브에 관련된 정보를 들을 때는 항상 의심과 확인의
자세를 요구하기 때문이다. 해당 수강생에게 한 답변은 당연히
"그렇다". 그렇다면 누구를 전문가라 할 수 있을까?

'유튜브 전문가'의 기준은 무엇일까?

관련 학과를 나오면 전문가라 할 수 있을까? 최근 유튜브 학
과가 생기기는 했으나 그 역사가 2년 정도밖에 되지 않는다. 자
격증이 있다면 전문가라 할 수 있나? 많은 다른 시험과 마찬가
지로, 시험을 치기 위한 내용과 채널 운영 실력은 차이가 날 수
밖에 없다. 게다가 학과와 마찬가지로 자격증의 역사도 그리 길
지 않다.

그렇다면 구독자가 많으면 전문가일까? 직업적 특성으로 유
튜브랩보다 구독자가 많은 크리에이터들과 만나고 컨설팅, 인터
뷰를 진행할 기회가 자주 생긴다. 신기하게도 자신이 구독자가

많은 이유를 우리에게 묻는 경우가 훨씬 더 많았다. 유튜브 전문가 자격으로 출연한 방송 프로그램에서는 유명 유튜버인 분이 자신의 후배들을 위해 강의를 좀 해줄 수 없는지 묻기도 했다. 당시 우리보다 5배는 더 많은 구독자를 거느리고 있었는데도 말이다.

책을 썼다면 전문가라 할 수 있을까? 교보문고에서 유튜브를 검색해보았을 때 나오는 결과만 해도 2,300건이 넘는다. 여러 분야의 종이책과 전자책, 아직 번역되지 않은 원서도 일부 걸리는 결과일 테다. 이 책들을 쓴 모든 이가 전문가라고 할 수 있을까. 유튜브 전문가라 칭하려면 적어도 기획부터 업로드까지 일련의 과정을 모두 이해하고 있으며 채널을 운영할 역량이 있어야 하니 유튜브 제작에 직접적인 도움을 주는 책을 다시금 정리했더니 87권이었다. 본인이 크리에이터이거나 기획, 편집 등 유튜브 채널 운영 경험이 확인되는 저자는 40명이고, 본인이 운영하는 채널의 구독자 10만 이상의 저자는 17명이다. (2020년 기준)

그럼 누구를 유튜브 전문가라 부를 수 있을까? 먼저 플랫폼에 대한 이해가 높은 사람이어야 한다. 또한 유튜브 스튜디오의 내용을 해석할 분석력을 갖추어야 한다. 사실 유튜브 스튜디오는 해마다 더 분석이 쉽도록 개편되고 있어 그리 어려운 일은 아니다. 크리에이터 스튜디오 당시에는 많은 숫자와 지표, 그래프를 읽는 눈이 필요했지만 현재의 버전은 문장으로 설명을 해주고 있어 초보 크리에이터들도 부담 없이 채널을 이해할 수 있다. 월마다, 계절마다 유튜브 플랫폼의 독특한 흐름을 읽을 수 있으려면 유튜브를 운영한 경험이 최소 1년은 되어야 하므로 전문가라 칭하기 위해서는 1년 이상의 운영 경험이 있어야 신뢰할 수 있겠다.

관련 산업에 대한 끊임없는 관심과 공부도 필수다. 유튜브뿐 아니라 아프리카TV, 틱톡, 트위치, 네이버TV, 카카오TV등 동영상 플랫폼의 최신 동향을 파악해야 하며 직접 운영 중이라면 더욱 훌륭하다. 현재 크리에이터, 인플루언서들이 참여하고 있는 사업에 대해서도 알고 있고 협업 관계를 구축한 사람이라면 믿을 만하다고 말할 수 있겠다. 하지만 이런 내용들까지 모두 숙지하고 있는지를 파악하려면 시간이 걸리기 때문에 관련 콘텐츠를 유튜브, 블로그, 브런치, 커뮤니티 등에 주기적으로 발행하는 사람이 전문가일 가능성이 높다.

이때 중요한 것은 본인의 경험과 객관적인 사실을 구분해서 표현하는 사람이어야 한다는 점이다. 인터넷에서 자주 쓰는 말중 '뇌피셜'이란 단어가 있다. '뇌'와 '오피셜official'의 합성어로, '객관적인 근거를 제공하지 않고 자신의 뇌에서 나온 생각을 공식적인 입장인 것처럼 표현하는 일'을 뜻한다. 유튜브는 친근한 플랫폼이라 각자가 잘 아는, 혹은 좋아하는 콘텐츠를 소비하게 만들어져 있다. 그래서 자신이 유튜브에 대해 통달했다고 느끼기 쉽다. 유튜브랩을 계획하고 있던 2016년에 나도 이런 착각에 빠진 적이 있다. 하지만 유튜브에서 일하시는 분들도 유튜브에 대해 감히 '확언'을 하지 않는다. 유튜브는 살아 있는 유기체와 같은 플랫폼이고 계속해서 변화하며 성장 중이기 때문이다. 그래서 본인의 경험을 모두에게 대입시키거나 반대로 특정 통계치만으로 모든 것을 설명하려 한다면 전문가라 보기 어렵다는 점을 기억하자.

해당 분야에서 활동하는 사람으로서 전문가가 절실하다고 느낀다. 많은 사람들이 관심을 갖고, 크리에이터가 되고 싶어 하는 지금, 관련 산업이 성장하기 위해서는 일차적으로 제작과 조회 수를 올리는 데 도움을 주는 전문가들도 분명 필요하다. 하지만 더 오래 길게 살아남기 위해서는 현 상황을 다각도로 볼 줄 아는 혜안을 지닌 전문가들이 필요하다. 세계적인 트렌드를 읽을 줄 알고 법적으로나 윤리적으로 문제를 예방하고 대응할 줄 알고, 크리에이터들의 스트레스 관리, 심리적 안정에 관심을 기울이며 영상 플랫폼에 관련한 경험을 지닌 전문가 말이다.

유튜브 전문가가 되고 싶은 개인이 있다면 가장 좋은 방법은 스스로 유튜브에 대해 많이 공부하는 것이다. 관련 정보에 촉각을 세우는 것은 당연하다. 콘텐츠를 소비하기만 하지 말고 왜 크리에이터가 이런 콘텐츠를 만들었는지, 어떤 반응을 불러일으키고자 했는지, 실제로 시청자들은 어떻게 반응을 했는지 등을 살펴야 한다. 좀 더 넓게 보자면 관련 산업에서 일하는 사람들을 대상으로 주기적인 교육도 이뤄져야 하겠다. 단순히 강의를 늘리자는 말도, 강사를 키워내자는 말도 아니다.

영상 속에 등장하는 크리에이터, 콘텐츠를 기획하는 기획자, 촬영자, 편집자, 운영을 담당하는 매니저, 광고주, 교육 담당, 관련 법 조항을 담당하는 자 등 관련 산업에서 활약하고 있는 사람들이 전문가 의식을 지니고 이 생태계를 탄탄하게 지탱해갈 수 있도록 그들이 더 오래 일할 수 있는 환경을 마련해야 한다. 그 방법 중 하나가 교육이겠고, 이 외에도 다른 방안을 통해 전문가들이 배출될 수 있도록 노력해야 한다.

학벌보다 중요해진 유튜브 채널

　대한민국은 여전히 학벌이 중시된다. 지금도 학생들은 좋은 대학을 목표로 열심히 입시 전쟁을 치르고 있다. 나 또한 다를 바 없던 학창 시절을 보냈다. 시험 기간 새벽, 기숙사 전체 소등이 되고 유일하게 불을 켤 수 있는 공간인 화장실에서 변기 뚜껑을 덮고 공부하거나 이불 속에 스탠드를 들고 들어가 공부하던 동창들을 떠올리면 다들 얼마나 치열했던지, 다시 돌아가고 싶지 않다.

　고등학교 때 전공을 살려 중어중문학과에 입학한 당시 나는 분명 중국에서 일하거나, 전공을 살려 취업을 하게 될 줄 알았다. 그런데 중국 유학이 아니라 영국을 가게 되더니, 지금은 유튜브를 전문적으로 교육하고 있다. 전공을 밝히기 전까지 사람들은 내가 경영학과 혹은 컴퓨터공학과를 나왔을 것이라 생각한다. 많은 사람들이 전공과 아무런 관련이 없는 일을 한다는데, 나도 그 중 하나다.

유튜브에 업로드한 영상들을 바탕으로 전문가로 인정받았다. 구글 본사에 초청되기도 하고, 유튜브 매니저님들과 화상회의를 하기도 했다. 구글 에듀케이션 그룹과 함께 교수 연수 교육 영상도 촬영하고, 여러 대학이나 기관, 기업에서 강의를 한다. 그러다 보니 여러 대학으로부터 교수로 러브콜을 받기도 했다. 긴 고민 끝에 세종사이버대학교 겸임교수가 되었다. 박현우 공동대표 역시 세종사이버대학교 유튜버학과 겸임교수로 활동 중이다. 교수가 되려면 박사 학위는 기본이라는데, 나도 박현우 공동대표도 석사 학위조차 없다. 학벌로 치자면 애초에 지원이 불가능하다. 앞으로 더 좋은 교수가 되기 위해 대학원 진학을 고려 중이긴 하지만 뭔가 순서가 이상한 것 같기도 하다.

수강생 중에도 비슷한 사례가 있다. 오히려 우리보다 먼저 교수가 되었다. '인테리어 조아' 채널을 운영하는 부천대학교 실내건축디자인과 김정은 겸임교수가 바로 그 예다. LG패션, 해피랜드, 지오지아 등 인테리어 디자이너 겸 관리자 10년 경력을 지닌 김정은 교수는 유튜브를 시작하고 학교 측의 연락을 받았다고 한다. 유튜브 콘텐츠에서 드러난 능력을 눈여겨 본 학교 측의 제안으로 교수로까지 활동 반경을 넓히게 되었다.

나와 수강생의 사례 뿐 아니라 앞으로는 점점 더 학벌보다 능력 위주로 인재를 등용하는 시대가 될 것으로 보인다. 그 중심에는 유튜브가 굳건히 자리를 지킬 것이고 말이다.

비대면 시대, 유튜브의 순기능과 역기능

어쩔 수 없이 코로나19와 함께 살아가면서 우리는 점점 비대면에 익숙해지고 있다. 이런 비대면 시대에는 사람들이 매체를 사용하는 방식도 자연스럽게 변화할 수밖에 없다. 실제로 방송 프로그램 시청 시간이 PC는 67%, 스마트폰은 23%가 증가했다. 주로 시청하는 콘텐츠는 전년도에 비해 보도가 51%로 크게 증가했으며 오락 34%, 정보 33%로 나타났다. 코로나19로 인해 뉴스에 민감해진 대중들이 관련 정보를 듣기 위해 보도 프로그램을 자주 접하고, 집에서 보내는 시간을 즐겁고 유익하게 보내기 위해 오락, 정보 콘텐츠를 소비하는 것으로 해석된다.[50]

다른 조사에서도 예능, 음악, 드라마 등 다양한 장르의 시청률이 올랐고, 코로나19와 관련된 관심 증가로 뉴스 시청 비중이 전년 대비 10.3% 늘어났다. 영상 시청은 집에서 하는 경우가 가장 높았고, 동영상을 시청하는 방법으로는 유튜브가 가장 두드러졌다.[51]

○
이전과 달라진 유튜브 생활

유튜브 시청 시간이 늘어남에 따라 유튜브 활용 방법도 이전과 다른 양상을 보이고 있다. 장기화된 코로나19 시국에 지친 사람들이 우울감을 호소하는 코로나 블루Corona Blue에 대처하기 위해 스트레스를 조절하는 명상, 요가, ASMR 콘텐츠도 많이 업로드되고, 많이 시청되고 있다. '팬데믹 상황 속 동영상 트렌드를 통해 보는 소비자 욕구'를 보면 자연의 소리와 관련된 동영상의 시청이 25% 증가했다고 한다.

바깥 활동이 줄어들며 몸무게가 늘어난 일명 '확찐자'들은 대한민국에만 있는 것이 아닌가 보다. 홈 트레이닝Home Training 콘텐츠 소비도 유튜브에서 활발히 이뤄진다고 한다. 코로나19 이후 집에서 시간을 보내는 기간이 늘어나 식사를 직접 준비해야 하는 부담도 는 탓에 즉석식품을 활용한 요리 콘텐츠들도 덩달아 사랑받고 있다.

코로나19로 인해 직접 대면하는 경우가 줄어들었지만 사람들의 마음속에는 소통하고자 하는 욕망이 자리 잡고 있다고 추측한다. 코로나19를 극복하기 위한 콘텐츠들 속에는 자주 '함께하고' 싶어 하는 모습이 포착된다. 크리에이터의 활동을 함께 하며 인간 관계의 대리만족을 느끼는 '같이해요With me'장르는 전 세계에서 600% 증가했다고 한다. '같이해요' 콘텐츠가 아니더라도 명상과 운동, 요리는 혼자서 할 수 있는 일이다. 하지만 누군가와 함께하고 싶어 하고, 계속해서 연결되고 싶어 하는 마음이 콘텐츠 이용을 활발하게 하는 원동력인 셈이다.[52]

유튜브가 코로나19 증식을 직접적으로 막는다고 볼 수는 없다. 하지만 오프라인에서밖에 할 수 없을 것이라 여기던 여러 활동들을 온라인에서 비대면으로 이룰 수 있게 했다. 안전한 곳에서 머무르면서 일상을 지키게 하는 힘이 되준 셈이다. 하지만 적적함을 달래고, 사람 사이 온기를 느끼게 하긴 해도 이 상황이 달갑지만은 않다. 많은 시간을 유튜브 속에서 유영하다보니 안 그래도 높은 유튜브 의존도가 더욱 심해지기 때문이다.

유튜브에서 영상을 통해 쉽게 정보를 전달받는 것에 익숙해져 문해력이 상당히 떨어졌다는 의견도 있다. 동영상보다는 글을 읽을 때 뇌가 가장 활성화된다. 다른 매체로 대체할 수 없는 힘이 '읽는 것'인데 그 중요성이 간과되는 것이다. 실제로 전국 중학교 3학년을 대상으로 한 설문 조사에서 책을 읽지 않는 이유로 '모든 정보가 인터넷에 있기 때문에, 살아가는 데 큰 문제가 없기 때문에, 인터넷이나 스마트폰이 훨씬 재미있기 때문에' 라고 답한 응답자가 70% 가까이 된다고 한다.[53]

의료진, 연구진, 세계 각 부처에서 코로나19를 종식시키기 위해 최선을 다하고 있다. 우리의 대부분도 마스크 착용과 개인 위생을 철저히 하는 방향으로 노력하고 있긴 하지만 안타깝게도 언제쯤 코로나19 이전의 일상으로 돌아가게 될지는 아무도 예측할 수 없다. 한동안은 계속해서 유튜브를 통한 온라인 활동이 활발히 지속될 것이다.

회사로 출퇴근하는 대신 재택근무를 하며 영상을 통해 업무 보고나 미팅을 하는 기업들이 생겼다. 학교에서는 온라인 개학을 통해 학생들의 학습 권리를 보장하려고 교사들과 교직원들이 애쓰고 있다. 학생들 역시 수업을 잘 듣기 위해 침대, 스마트폰 등 집중력을 흐리는 모든 것들과 싸우고 있다. 세미나, 포럼 등 다양한 모임이 유튜브 라이브 스트리밍이나 줌, 구르미, 웹엑스 등 온라인 화상 프로그램을 통해 이뤄지고 있다. 종교계에서도 유튜브를 활용해 예배, 소모임 등의 종교 활동을 진행 중이다.

코로나19가 온라인 생태계의 성장을 가속화시켰다. 컴퓨터 앞에서 카메라를 켜고 마이크를 사용하는 모습은 이제 낯설지 않다. 크리에이터의 영역이라 여겨지던 콘텐츠 제작을 이제는 모두가 시작해야 하는 시대가 되었다.

유튜브 다음은 뭐가 나타날까?

유튜브 다음은 무엇이 기다리고 있을까? 사실 한동안은 유튜브가 자신의 위치를 공고히 할 것으로 전망한다. 이미 유튜브에 길들여진 전 세계인이 새로운 플랫폼을 찾는다 하더라도, 결국에 그 다음은 영상 플랫폼일 것이라고 생각하기 때문이다. 유튜브 다음을 VR 콘텐츠 플랫폼으로 예견하는 경우도 있다. 하지만 유튜브에서도 VR 콘텐츠를 소비할 수 있다. 그러면 유튜브 다음 플랫폼은 존재하지 않는 것일까? 꼭 그렇지만은 않은 것 같다. 유튜브의 독주에 제동을 거는 플랫폼들 속속들이 등장하고 있기 때문이다. 오로지 목소리로만 소통하는 '클럽하우스', 인스타그램 영상 서비스 'IGTV', 페이스북의 영상 서비스 '워치Watch'가 유튜브의 아쉬움을 대체하기 위해 노력중이며, 쇼트폼 플랫폼 '틱톡TikTok', '인스타그램 릴스Reels', '넷플릭스 패스트 래프Fast Laugs'가 유튜브를 위협할 것이라 보는 사람들이 늘어나고 있다. 이러한 플랫폼들과 유튜브의 차이점을 살펴보고, 이 플랫폼들이

사람들에게 각광받는 이유를 통해 앞으로 유튜브의 나아갈 방향
에 대해 함께 생각해보자.

○
유튜브와 다른 매력을 지닌 플랫폼들

① 휘발되는 대화가 가능한 음성 기반 플랫폼, 클럽하우스

실리콘밸리에서 인기가 있었지만 대중들에게는 생소한 소셜
미디어였던 클럽하우스. 클럽하우스는 발언권을 얻어 '서로' 음
성 대화를 할 수 있기 때문에 생생한 대화가 가능하다. 얼굴을
보일 필요가 없다는 점과 서로 나눈 대화가 휘발된다는 점에서
참여에 부담이 없다는 것이 이용자들의 마음을 사로잡았다. 이
런 매력에 빠진 사람들이 아이폰을 구매하고, 초대장을 구매할
만큼 큰 사랑을 받았다.

유튜브에서도 크리에이터와 시청자가 소통할 수 있다. 하지만
시청자는 채팅을 통해서만 이야기할 수 있기 때문에 완전한 소
통이라 보기 어렵다. 또한 유튜브에서는 동시에 채팅창에 채팅
을 입력하게 되면 크리에이터가 보지 못하고 넘어가는 경우가
많다. 클럽하우스는 아무리 많은 사람들이 모여 있어도 누군가
이야기하고 있을 때 차분히 경청하는 문화가 정착되어 있어 소
통하는 느낌이 다르게 구현된다.

② 흥미로운 영상은 충분히 즐겨라, 인스타그램 IGTV

영상 소비가 늘어남에 따라 인스타그램에서도 충분히 영상을 즐길 수 있도록 마련한 서비스가 IGTV다. 처음에는 세로 영상 위주였지만 가로 영상들도 꾸준히 올라오고 있다. 인스타그램 피드에는 1분 이내의 영상만 업로드가 가능하지만, 1분이 넘는 동영상을 올리고 싶다면 IGTV를 활용해야 한다. 인스타그램에서 라이브 방송이 급격하게 성장하면서 라이브 방송을 저장하고자 하는 이용자들의 목소리를 듣고 IGTV에 저장할 수 있도록 기능을 선보이기도 했다.

플랫폼은 새로운 이용자들이 계속적으로 유입되어야 하고, 이용자들이 오래 머물러야 한다. 이용자가 들어오고 들어오면 나가지 못하도록 계속해서 기능을 업그레이드하고 있다. 유튜브에서도 SNS에서 즐길 수 있는 기능을 선보이고 수정하는 이유가 바로 여기에 있다. 이미 사진이나 글을 올릴 수 있는 커뮤니티 기능이 있고 스토리나 쇼츠와 같은 짧은 세로 영상을 업로드하는 기능을 제공한다. 하지만 각 플랫폼이 지니고 있는 독특한 분위기까지 모두 가지고 오기에는 아직은 무리가 있어 보인다.

③ 소셜 영상 플랫폼으로 확장하다, 페이스북 워치

콘텐츠 경쟁력을 강화하기 위해 페이스북이 야심차게 준비한 기능인 워치는, 소셜미디어의 특징을 잘 살린 영상 서비스라 할 수 있다. 친구와 함께 영상을 감상할 수도 있고 댓글로 소통이 가능하다. 유튜브에서도 이런 기능을 선보였었다. 친구끼리 함께 영상을 보고 공유할 수도 있었지만 현재 그 기능은 사라졌다. 기존에 아는 사람 혹은 안면이 있는 사람과 맺어진 페이스북과, 익명 아래에서 취향을 나누는 유튜브에서 활동은 비슷한 듯 다르게 움직이기 때문이다.

페이스북 워치 역시 유튜브처럼 크리에이터에게 광고 수익을 공유하는 정책을 펼치고 있다. 하지만 일각에서는 페이스북의 수익 창출 조건이 유튜브보다 더 까다롭다고 한다. 개인적으로 유튜브 콘텐츠를 살짝 다듬어 페이스북에 업로드 하는 형태로 운영하는 것이 크리에이터들에게 가장 편하고 다양한 시청자들과 만날 수 있는 방법으로 보인다.

짧은 영상이 이끄는 트렌드 '쇼트폼 플랫폼'

짧은 길이의 영상을 뜻하는 쇼트폼 콘텐츠short-form contents는, TV프로그램과 비교해 20~30분 길이의 영상도 포함되지만 최근에는 15초에서 10분 이내의 콘텐츠들을 말한다. 짧다는 기준이 명확하지 않지만 주로 '쇼트폼 플랫폼'에서 말하는 쇼트폼 영상의 길이는 '15초에서 1분 이내'로 좁혀서 본다. 또 대체로 세로 영상 형태를 띄고 있어서 스마트폰을 가로로 돌리는 수고로움이 없다. 영상이 짧기 때문에 빠르게 넘길 수 있다. 콘텐츠 홍수 속에서 흥미로운 영상들만 시청할 수 있어 1020 세대가 선호한다.

① 쇼트폼의 유행을 주도한 틱톡

틱톡은 쇼트폼 플랫폼의 선두주자이다. 1위 자리를 굳건히 지키기 위해 다른 이용자가 만든 영상과 음성에 자기 콘텐츠를 촬영하는 듀엣 기능과 이어 찍기 기능, 스마트폰의 사진을 배경으로 활용가능한 그린스크린 효과 등 재미있는 기능이 많다. 우리나라에서는 10대들의 강력한 지지를 받고 있다. 최근에는 사용 연령층이 다양해지며 시니어 틱톡커들도 등장했다.

특정 음악이나 동작을 따라하는 '챌린지' 콘텐츠는 늘 인기가 있다. 이 점을 이용하여 국내외 아티스트들은 자신의 음악이나 춤 동작을 틱톡을 통해 홍보하기도 한다. 우리나라에서는 지코의 '아무 노래' 챌린지가 대표적인 아티스트 챌린지다. 유튜브에서는 짧아도 3분에서 5분 정도 되는 챌린지 영상을 제작하는 것이 다소 부담스럽게 여겨질 수도 있지만 틱톡에서는 1분 이내이고, 스마트폰으로 촬영하여 업로드해도 된다고 생각해 이용자들의 접근이 용이하다.

② 대세 SNS의 감성을 그대로 담은 쇼트폼, 인스타그램 릴스

틱톡의 성공으로 많은 플랫폼이 앞다투어 쇼트폼 서비스를 내놓았다. 인스타그램의 릴스도 이런 분위기 속에서 등장했다. 이로써 IGTV와 릴스를 통해 인스타그램이 영상 플랫폼으로서 자

How to 유튜브 시대, 크리에이터 성장 솔루션

신의 자리를 확고히 하려는 움직임이 보인다. 릴스는 글, 음악과 다양한 효과를 통해 나만의 짧은 동영상을 만들 수 있다. 특히나 음악과 오디오 기능을 강점으로 내세우고 있다.

기존의 인스타그램 사용자 10억 명이 SNS와 쇼트폼 서비스를 모두 활용할 수 있어 다른 플랫폼을 쓰지 않아도 기능을 모두 쓸 수 있다는 점이 가장 큰 강점으로 꼽힌다. 우리나라의 경우, 틱톡보다 인스타그램 사용자가 많고 연령층도 다양하다. 쇼트폼 창작자 육성 프로그램도 생겨나고 긍정적인 반응이 나타나기 시작했다.

③ 롱폼과 쇼트폼, 두 마리 토끼를 모두 노린다, 넷플릭스 패스트 래프

세계 최대 OTT서비스인 넷플릭스가 도입한 쇼트폼 기능인 패스트 래프는, 코믹 콘텐츠 중 인기 장면을 짧은 클립 영상으로 제공하는 서비스다. 영화나 프로그램도 추가하여 공감 표시와 공유가 가능하다. 짧은 영상이 세로 영상 형태로 보인다는 점에서 틱톡이나 릴스와 비교되곤 하지만 창작자들이 자신만의 콘텐츠를 제작하는 형태가 아니라, 기존 플랫폼의 영상을 편집하여 제공하는 일방향 콘텐츠 서비스라는 점이 가장 큰 차이점이다. 긴 시간을 들여 보아야 하는 기존의 콘텐츠와 달리 패스트 래프의 콘텐츠는 더 많은 이용자를 넷플릭스로 모여들게 하려는 움직임으로 해석된다.

플랫폼이 변해도 변하지 않는 것

유튜브 다음 플랫폼들을 예상 및 정리하긴 했지만 이 인기가 얼마나 가게 될지는 모르겠다. 코로나19로 인해 소통하고자 하는 욕구가 폭발하면서 생긴 이례적인 현상일수도 있다.

유튜브가 이러한 플랫폼들이 지닌 이점을 보완하여 또 다른 서비스를 내놓을 수도 있다. 모바일 기기가 익숙해지고, 시청할 동영상이 기하급수적으로 늘어나는 환경 속에서 시간이 날 때마다, 필요할 때마다 영상을 보는 효율적인 시청습관이 쇼트폼의 인기를 만들었다. 쇼트폼 콘텐츠의 저력을 확인한 유튜브가 최근 '쇼츠shorts' 서비스를 내놓은 지 얼마 되지 않았다.

이제는 기존의 채널에 업로드할 영상과 쇼트폼 콘텐츠로 제작할 콘텐츠를 분리할 때가 왔다. 단순히 시간만 줄여서는 안 된다. 짧은 시간에도 무엇을 전달하는지 주제 의식이 분명한 콘텐츠가 사랑받는다는 것을 기억해야 한다.

시청자의 활동 방식에 따라 플랫폼도 진화한다. 크리에이터는 플랫폼의 변화를 알아채고 흥망성쇠를 감지하여 발 빠르게 적응해야만 한다. 하지만 플랫폼의 흥망성쇠는 가늠이 어렵다. 서비스는 얼마든지 발전, 쇠퇴할 수 있기 때문이다.

류시화 산문집 『새는 날아가면서 뒤돌아보지 않는다』에 이런 구절이 등장한다. '나무에 앉은 새는 가지가 부러질까 두려워하지 않는다. 새는 나무가 아니라 자신의 날개를 믿기 때문이다.'[54]

나는 이 구절을 만나고 유튜브 다음을 걱정하는 수강생들에게 늘 전하고 있다. 유튜브가 가지고, 날개는 동영상 플랫폼을 이용하는 능력이라고. 이 책을 읽은 모두가 자신의 날개를 믿는 유튜브 사용자가 되기를 바란다. 유튜브라는 가지에서 그 다음 가지로 넘어갈 때 자신의 튼튼하고 아름다운 날개를 믿고 날아가기를 바란다.

알아두면 유용한 유튜브 꿀팁

1
믿을 만한 유튜브 관련 정보 확인법

사람들의 관심이 유튜브에 몰리기 시작하니 유튜브 자체를 소재로 삼는 콘텐츠들이 눈에 띄게 늘었다. 블로그나 SNS와 유튜브 영상, 강의, 강연, 기사, 책까지 점점 늘어나는 추세다. 하지만 입에 자주 오르내리는 화제이다 보니 그만큼 잘못된 정보들도 많이 퍼졌다. 특히 우리나라는 알고리즘이나 수익에 관련된 콘텐츠에서 루머가 두드러진다.

유튜브 채널을 운영하기 위해서든, 유튜브에 대한 현황을 정확하기 알기 위해서든 믿을 만한 유튜브 정보인지 확인하기 위해서 정보의 출처를 알아보는 것이 좋다. 유튜브에 대해 이야기하는 콘텐츠를 만난다면 일단은 '직접 유튜브 채널을 운영한 경험'이 있는 사람이나 단체인지 체크하자. 유튜브 관련 루머가 많은 이유는 소위 말하는 '카더라' 통신 때문이다. 채널을 직접 운영해보지도 않고 '이럴 것이다' 하는 그럴듯한 추측성 정보들로 인해 초보 크리에이터들은 물론 베테랑 크리에이터들이 시간과 비용을 낭비하는 경우를 심심치 않게 본다.

채널 운영 경험이 있는 자의 정보인 것을 확인했으면 최근까지 채널을 운

영 중인지 확인해야 한다. 유튜브의 알고리즘은 2019년 1월부터 9월까지만
해도 200번 이상의 변화를 거듭했다. 거의 1~2일마다 작은 변화가 일어나
는 꼴이다. 적어도 1주일을 넘기지 않고 콘텐츠를 업로드하는 채널의 정보
가 믿을 만한 편이다. 특히 몇 해 전의 자료를 근거로 설명한 정보라면 참고
만 하는 편을 추천한다.

　믿을 만한 유튜브 정보의 출처를 확인하는 또 다른 방법은 '자신만의 콘
텐츠를 계속적으로 운영하는' 사람이나 단체인지 알아보는 것이다. 유튜브
는 사람들의 관심이 조회수에 직접적인 영향을 미친다. 선정적이고 자극적
인 콘텐츠는 늘 사람들의 이목이 쏠리기 마련이고 이런 콘텐츠들은 빠른 시
간 내에 높은 조회수와 구독자 수를 만들어낼 수 있다. 조회수와 구독자 수
를 단시간 내에 높이고 싶은 많은 사람들이 자극적인 콘텐츠를 만들어내는
크리에이터들의 말에 귀 기울이는 것은 당연한 일일지도 모르겠다. 하지만
앞으로는 누구나 영상을 통해 소통하는 유튜브 시대가 될 것이다. 자신의 생
각과 견해를 영상 콘텐츠로 승화하는 크리에이터의 경험을 듣는 것이 유튜
브 시대를 살아가는 데 더욱 도움이 될 것이다.

　출처 외에 신뢰할 수 있는 정보인지 아닌지 확인하는 확실한 법은, 실제
로 유튜브 채널을 운영하는 것이다. 1주일에 2편 이상 업로드하며 6개월 이
상 운영한 크리에이터라면 무엇이 자신에게 도움이 되는 정보인지 감을 잡
게 된다.

　콘텐츠를 업로드하기 전에 다양한 정보를 습득하는 것은 좋은 자세다. 하
지만 준비만을 위해 시간을 사용하기보다 당장 영상을 하나 기획하고 찍어
보기를 추천한다. 엉성하더라도 직접 편집하고 영상을 올려보자. 분명 그 과

정에서도 배우는 것이 생긴다. 그게 경험이 되고 곧 채널을 잘 운영하는 거름이 될 것이다.

유튜브 전문가를 꿈꾸는 사람들은 유튜브를 운영하는 것 외에 다른 방법을 궁금해할 수도 있겠다. 객관적인 정보를 얻는 소스 말이다. 다음은 유튜브 채널 운영과 기록을 제외한 유튜브랩이 직접 정보를 얻는 다섯 가지 방법이다. 자신에게 맞는 방법을 통해 유튜브 전문 지식을 쌓는 데 도움이 되기를 바란다.

가장 선호하는 정보는 유튜브에서 직접 알려주는 내용이다. 일반적인 내용은 '유튜브 어바웃' 사이트에서 확인할 수 있다. 가장 많이 활용하는 곳은 유튜브 공식 블로그다. 영어로 정보가 올라오기에 번역을 해야 한다는 점이 까다롭지만 유튜브 한국 블로그보다 업데이트가 빠르고 정보의 양이 많기 때문에 살펴볼 만하다.

두 번째는 유튜브와 관련된 우리나라의 통계 자료와 논문을 찾아 읽는 것이다. 구글 학술 검색, 국회도서관 등에서 유튜브로 검색을 하면 관련 정보들이 쏟아지니 참고해보자. 미디어에 관한 정보를 다루는 사이트와 통계청에도 심심할 때마다 들러 정보를 얻는 것도 좋다.

세 번째는 유튜브 측과의 교류를 통해 정보를 얻는 것이다. 코로나19 이전에는 각 카테고리별로 유튜브 측에서 크리에이터를 초청해 관련 교육 및 정보를 나누는 장을 마련해주었다. 이사님, 매니저님 등을 통해 궁금한 사항을 직접 물어보고 답변을 얻을 수 있어 신뢰도가 높은 정보를 얻을 수 있었다.

네 번째는 크리에이터들 간의 소통을 통해 정보를 얻는다. 인터뷰를 요청하기도 하고 모임을 통해 교류를 하면서 정보를 얻는다. 특히 잘 모르던 분야의 크리에이터들과 소통을 하면서 배우는 것이 많다. 주로 강의와 컨설팅을 통해 만나게 되고, MCN을 통해 알게 되는 경우도 있다. 친한 크리에이터가 다른 크리에이터를 소개해주는 경우도 많다.

다섯 번째는 MCN, 방송국 등 관련 산업에 있는 사람들과 대화하는 것이다. 강의를 제안받거나 간담회를 할 때 많이 교류하게 되는데 각 분야마다 취하는 시각이 달라 매우 흥미로운 정보를 얻을 수 있다.

정보를 얻고 내재화하는 것은 한번에 쳐내야 하는 숙제가 아니라 일기를 쓰듯 해나가야 한다. 중요한 것은 유튜브에 관련된 작은 정보에도 손을 놓지 않는 열정과 유튜브 주변을 점검하는 습관임을 잊지 말자. 만약 이 모든 정보에 귀 기울이기 어렵다면 유튜브랩을 보는 것을 조심스레 추천해본다.

유튜브 어바웃	www.youtube.com/about/
유튜브 공식 블로그(영어)	blog.youtube/
유튜브 한국 블로그(한국어)	youtube-kr.googleblog.com
구글 학술 검색	scholar.google.co.kr
국회도서관	www.nanet.go.kr/main.do
DBPia(한국학술논문검색사이트)	www.dbpia.co.kr/
KISS 한국학술정보	kiss.kstudy.com/
RISS 학술연구정보서비스	www.riss.kr/

2

'유튜브력(力)'을 높여주는 검색 필터 활용법

유튜브에는 하루에도 평생 봐도 다 못 볼 만큼의 영상이 올라온다. 검색으로 골라볼 수도 있겠지만 수많은 영상이 업로드되니 유튜브에는 아주 다양한 필터를 제공하고 있다. 필터를 사용하는 방법은 다음과 같다.

검색창 아래의 필터를 클릭해보자. 업로드 날짜 필터를 설정하면 지난 1시간에 업로드된 영상, 오늘 올라온 영상, 이번 주에, 혹은 이번 달에 아니면 올해를 기준으로 영상을 찾을 수 있다. 구분 필터를 사용하면 검색어와 관련한 영상만 찾고 싶을 때는 동영상을 클릭하면 되고 채널 크리에이터를 찾을 때는 채널 필터를 이용하면 편리하다. 유튜브에 등록된 영화나 프로그램도 구분 필터를 통해 찾을 수 있고 영상 길이별로도 영상을 찾을 수 있다. 실시간 필터를 누르면 현재 진행중인 라이브 스트리밍 방송만 검색할 수도 있다.

영상 화질에 따라 자막 유무에 따라 필터를 설정할 수도 있다. 일정한 조건 아래 자유롭게 이용을 허락하는 라이선스인 크리에이티브 커먼즈, 360도, VR180, 3D 등 다양한 형식의 영상들도 찾을 수 있다. 위치별로 검색해 지역 콘텐츠를 찾을 수 있고, 구입한 영상도 모아 볼 수 있다. 개인적으로 가장 많이 활용하는 것은 정렬 기준이다. 기본적으로 관련성이 높은 순으로 정렬이 되는데 조회수나 평점순으로 순서를 조정하면서 영상들의 순위가 변하는 것을 보는 것이 재밌기 때문이다.

만약 내가 원하는 필터가 아니다 싶으면 설정한 필터를 다시 한 번 클릭하여 필터를 삭제하면 된다. 그러면 필터를 사용하지 않은 검색 화면으로 돌아온다.

3

내 취향에 딱 맞는 콘텐츠 추천받는 법

내 취향에 딱 맞는 콘텐츠를 추천받기 위해서는 유튜브 알고리즘에 대해 이해할 필요가 있다. 유튜브 알고리즘의 목표는 시청자가 원하는 영상을 찾도록 도와주고, 더 오래 많이 유튜브 영상들을 보게 하는 것이다.

이를 위해서 알고리즘은 시청자, 즉 '나'를 주목한다. 시청자인 내가 본 영상, 보지 않은 영상, 내가 시청한 영상의 시청시간, 내가 클릭한 '좋아요'와 '싫어요', '관심 없음' 의견을 모두 기록한다. 내가 보지 않은 영상, 싫어요나 관심 없음을 누른 영상의 추천 빈도는 줄이고, 내가 본 영상, 그 중에서도 오래본 영상들의 추천 빈도는 늘리는 형태이다.

알고리즘은 '사람들'이 좋아하는 동영상을 다른 사람에게도 보여준다. 나와 비슷한 연령, 사용 언어, 성별, 콘텐츠 소비 성향 등을 지닌 다른 시청자가 시청한 영상 중 참여도와 만족도가 높은 영상을 내 홈 화면에 노출시킨다. 이때 내가 특정 채널 또는 주제를 얼마나 자주 찾는지 등을 바탕으로 결과를 도출한다.

예를 들어 나와 비슷한 시청자 A와 내가 본 고양이 영상이 있다고 하자. A가 강아지 영상을 보고 참여도와 만족도가 높았다면 유튜브는 내게 A가 본 강아지 영상을 추천해준다. 이렇게 나와 비슷한 다른 시청자들의 시청 영상을 추천하는 방식을 협업 필터링Collaborative filtering이라고 부른다. 이 때문에 크리에이터들에게 알고리즘을 쫓으려 말고 '시청자'를 쫓으라는 말을 늘 한다. 알고리즘의 세부적인 내용이나 반영 비율 등은 시청자들의 이용 형태에 따라 계속 변화할 것이기 때문에 무엇이 더 중요한지 따지기보다는 큰 그림을 보는 것이 좋다는 의미다. 유튜브 측에서는 시청자의 의견을 수렴할 수 있도록 이미 시스템을 갖춰 두었으니 그대로 활용하면 된다.

내가 보고 싶은 영상을 추천으로 계속 받고 싶으면, 피드에 내 취향이 아닌 영상이 떴을 때 제목 옆에 메뉴(점이 세로로 세 개 있는 버튼)를 누르고 '관심 없음'을 클릭하자. 그러면 해당 영상 자리에 '동영상 숨김'이라는 안내 메시지가 나올 것이다. 파란색으로 '이유를 알려주세요' 버튼이 나오면 클릭하자. 3개의 이유 중 하나를 고를 수 있다.

❶ 이미 시청한 동영상입니다.
❷ 동영상이 마음에 들지 않습니다.
❸ 다음을 기준으로 한 맞춤 동영상에 관심이 없습니다.

셋 중에 해당하는 이유를 살짝 터치하면 해당 영상은 사라진다. 다른 방법으로 영상 아래의 '싫어요' 버튼을 누를 수도 있다.

위에서 설명한 알고리즘 외에도 관련 주제의 영상, 영상의 메타데이터(제목, 설명, 태그, 해시태그, 썸네일 등)와 검색 사항 등을 고려하기도 한다. 요컨대 내 취향의 콘텐츠를 추천받는 가장 쉬운 방법은 내 취향의 영상을 자주 보는 것이다.

유튜버를 위한 유튜버

처음에는 나의 채널이 잘 될 수 있도록 공부하기 위한 채널로 시작했다.
지금은 창작자와 시청자 모두가 행복한 유튜버가 될 수 있도록
유튜브에 대한 모든 것을 담겠다는 비전을 품게 되었다.
유튜버를 위한 유튜버로 자리매김한 유튜브랩의 이야기를 시작한다.

유튜브 연구소의 목표

유튜브랩을 대표하는 키워드는 무엇일까? 유튜브 전문가를 희망하는
크리에이터들에게 유튜브랩의 목표와 신념을 공유하고자 한다.

#유튜브　#좋아요　#알림_설정

#1인미디어　#콘텐츠_기획

#유튜브_트렌드　#커피캣　#유튜브_전문가　#허PD

#콘텐츠_제작　#조회수　#유튜브_장비

#유튜브랩　#구독자　#유튜브_플랫폼분석

#유튜브_브랜딩

#유튜브_고민해결

#크리에이터　#유튜브

#유튜브_교육　#피크닉콘

#유튜브랩 #유튜브_교육채널

유튜브랩이라는 이름을 짓기 전에 참 많은 채널 이름을 떠올렸다. 유튜브 연구소, 유튜브 학교, 유튜브 학원, 유튜브 인스티튜션, 유튜브 고민해결사, 유튜버를 위한 유튜버… 수없이 많은 이름들을 떠올렸지만 결국에는 커피캣이 운영 중이던 회사 'MH시너지랩'의 팀명을 가져와 붙였다. 온라인 마케팅 회사에서는 블로그를 전담하는 경우 '블로그랩', 페이스북을 전담하는 경우 '페이스북랩' 등으로 팀 이름을 지었기 때문이다. 처음에는 유튜브를 공부하며 경험한 내용을 나누는 콘셉트에서 유튜브 크리에이터들의 고민을 해결하는 유튜브 교육 채널로 성장하게 되었다.

#유튜브채널 #크리에이터 #커피캣

유튜브는 채널과 크리에이터가 함께 성장하는 공간이다. '유튜브 교육 채널'로 유튜브랩이 알려지면서, 커피캣 또한 '유튜브 전문가'로 이름을 알리게 되었고 강의와 강연, 코칭 등 활동 영역을 넓혀가며 구독자들을 만나고 있다. 또한 컨설팅, 멘토링, 마케팅, 유튜브 리터러시 강화, 콘텐츠 제작, 비즈 매칭과 같은 다양한 활동을 통해 크리에이터와 상생하는 유튜브 생태계 조성을 위해 노력하고 있다.

#콘텐츠_제작 #허PD

구독자들에게 제일 많이 받는 질문 중 하나는 장비에 대한 질문이다. 이 질문에 대한 콘텐츠를 만들기 위해 허PD가 그동안 장비 구입에 쓴 금액은 1억 2,000만 원 이상. 어떤 상황에서 어떤 장비를 쓰면 좋을지 고민하고 직접 사용해본 다음에야 구독자들에게 추천할 수 있다는 허PD의 콘텐츠에 대한 진정성을 엿볼 수 있다. 대다수의 유튜브 촬영과 유튜브 편집에 관한 영상은 구독자들이 가장 많이 하는 실수나 질문들을 바탕으로 제작된다. 결국 좋은 콘텐츠란 구독자들의 마음을 세심하게 읽는 것에서 시작되는 것이 아닐까 생각한다.

YOUTUBELAB in Number

숫자로 보는 유튜브랩 역사

유튜브랩 채널 개설 날짜

2017년 **5**월 **24**일

유튜브랩 구독자 남녀 비율

36.7% **63.3%**
여성　　　　　남성

구독자 연령대 분포

연령대	비율
13-17세	**7.4%**
18-25세	**20.8%**
25-34세	**25.9%**
35-44세	**25.0%**
45-54세	**13.9%**
55-61세	**4.7%**
65세 이상	**2.4%**

유튜브랩 월간 평균 업로드 영상 개수

12개

유튜브랩 구독자 최다 활동 시간대

PM 6:00-11:00

유튜브랩 누적 강의 건수

약 **1,500**건
(2021.04)

유튜브랩 영상 중 최다 조회수

70만회

취향의 바다에
뛰어든 청년들

Interviewee
유튜브랩
구성원

· 강민형 _ 활동명 '커피캣'으로 유튜브랩 공동 채널 운영자이다. 주로 유튜브 플랫폼과 트렌드, 기획, 브랜딩, 리터러시와 관련된 내용을 담당한다.
· 박현우 _ 활동명 '허PD'로 유튜브랩 공동 채널 운영자이다. 유튜브 콘텐츠 제작을 위한 장비, 촬영, 편집, 유튜브 기능 활용 등을 주로 담당한다.

"유튜브를
시작하게 된 계기가 있나요?"

A

강민형

2011년부터 블로그를 운영했다. 2015년에 그동안의 블로그를 운영한 경험을 바탕으로 온라인 마케팅 회사에 스카우트되어 커리어를 시작했다. 블로그에 글을 올리고 순위를 확인하고, 카드뉴스를 만들고 조회수, 댓글 등의 트래픽을 확인하는 일을 반복했다. 카페, 카카오스토리 등도 관리하면서, 여러 채널에 동시에 달리는 댓글에 빠르게 답을 달아야 했다. 회사 사람들과 분위기가 좋아서 육체적으로나 정신적으로 힘들지는 않았지만 계속해서 "뭔가 다른 방법이 있지 않을까?" 하는 생각이 맴돌았다. 그 때, 영국에서 일할 때 룸메이트가 즐겨보던 유튜브가 떠올랐다. 느린 인터넷 속도에도 굴하지 않고 영상을 보던 가나 공주님. 그녀는 좋은 친구이자 좋은 선생님이었는데, 한국으로 돌아온 지 1년이 지나서도 여전히 내게 좋은 가르침을 주었다. 그러곤 "유튜브를 시작해보자!" 다짐했다. 하지만 어떻게 시작해야 할지 도통 감을 잡을 수 없었다.

박현우

2016년 친구들과 술자리에서 이런저런 이야기를 나누던 중, 알고 있는 괴담을 풀었다. 이야기에 귀 기울이던 친구들에게서 "무서운 이야기 한번 실감나게 하네." 라는 말을 들었다. 그때 '무서운 이야기를 잘하는 것도 재주가 될 수 있구나' 생각했다. 그 생각이 들자마자 팟캐스트를 개설했다. 이름은 직관적으로 '무서운 이야기 읽어주는 남자'. 그저 이야기를 올렸을 뿐인데 계속해서 순위가 올랐다. 신이 나서 더 좋은 콘텐츠를 위해 마이크도 사고 음향 효과도 찾고, 연기 연습도 시작했다. 팟빵에서 26위를 하자 콘텐츠 제작자의 길을 가도 괜찮을 것 같은 생각이 들었다. 목소리만으로도 이렇게 사람들이 재미있어 하는데 화면이 더해진다면 더 빠르게 성장할 것이라는 판단이 섰다. 하지만 유튜브는 팟캐스트와는 너무 달랐다.

Q

"유튜브를 시작하고 어려움은 없었나요?"

A

강민형

블로그나 카드뉴스를 제작한 경험이 유튜브 제작에 도움이 될 거라고는 여겼지만 막상 무엇부터 시작해야 하는지는 알 수가 없었다. 그래서 일단 닥치는 대로 관련된 사람들의 강연이 생길 때마다 가서 들었다. 실마리라도 하나 건지게 된다면 속이 시원해질 것 같았기 때문이다. 하지만 자신이 속한 회사의 현황을 알려주거나 경험을 바탕으로 한 특정 장르에 대한 이야기만 반복하는 데 그쳤다. 그때 유튜브 플랫폼, 시청자들에 대한 이해가 있었다면 모두 피가 되고 살이 되었겠지만 당시 내가 소화하지 못할 정보였다. 하긴 해야겠는데, 하고 싶은데···. 하며 조급한 마음도 들었지만 확실한 방향을 잡기 전까지는 계속해서 유튜브 시작을 보류했다. 지금 돌이켜보면 고민하지 말고 그냥 영상을 찍어보는 것부터 시작할 것을 그랬다 싶다. 일단 한번 해보며 보강하는 것이 완벽하게 갖추고 시작하는 것보다 빠르게 성장할 수 있단 걸 이제는 아니까.

Q "유튜브랩의 채널 성장 비결이 있을까요?"

A 강민형

팟캐스트 개설 경험이 있어서 유튜브 채널을 개설하는 것은 어렵지 않았다. 문제는 효과적인 촬영이 더해져야 한다는 점이었다. 녹음과 음향 편집은 자신이 있었지만 화면을 구성하는 건 완전히 다른 이야기였으니까. 보이는 부분이 생겼으니 콘셉트도 중요했다. 술자리를 연출할까? 으스스하게 방을 꾸며야 하나? 저승사자 옷이라도 구해볼까? 사진 찍는 것을 좋아해서 촬영이 겁나지는 않았지만 편집은 해본 적이 없으니 어떤 프로그램을 써야 하나 싶어 막막했지만 일단 한번 배워보기로 했다.

일단은 기존에 이용하던 팟캐스트와 유튜브의 차별점에 주목했다. 내가 이전에 하던 것에서 무엇을 더하고 무엇을 빼야 하는지 여러 방향을 설정하며 영상을 업로드해보았다. 직관적으로 지었던 제목에서 '공포 라디오 무읽남'으로 변경했고, 사람이 등장해서 이야기를 읽어주는 대신 애니메이션에 더빙을 입힌 형태로 영상을 제작했다. 이야기 속 상황을 시각화할 수 있는 비디오의 장점을 살리니 구독자를 빠르게 모을 수 있었다.

**"유튜브를 얼마나
운영해야 수익을
기대해볼 수 있을까요?"**

강민형

꽃이 피는 시기가 저마다 다르듯 단정지어 말하기 곤란하다. 어두운 터널에서 빠져나오지 못하는 기분에 이런 질문을 한다는 것을 잘 이해하고 있다. 다만, 1년이 넘게 운영을 했다고 하더라도 정기적인 업로드가 이뤄지지 않았다면 얼마나 오래 운영했는지가 그렇게 중요하지 않다. 이전에 없던 완전 색다른 콘텐츠이거나, 너무 특이해서 눈길이 가는 그런 콘텐츠가 아니라면 대체로 30개 이상의 콘텐츠를 연달아 주기적 업로드를 해야 채널이 안정적인 성장세를 보인다.

박현우

어떤 장르의 콘텐츠를 주 몇 회 영상을 업로드해서 몇 달을 운영할 것인지에 따라 답이 달라질 수 있겠다. 대체로 어떠한 콘텐츠를 다루든지 주 2회 업로드를 기준으로 했을 때, 적어도 3개월에서 6개월은 운영을 해야 구독자 수가 안정적으로 증가한다. 일각에서는 1년 정도는 꾸준히 운영을 해야 한다고 한다. 보통 1년을 버티는 크리에이터보다 그렇지 못한 크리에이터들의 수가 훨씬 많으니까. 수강생들을 기점으로 8개에서 60개 정도 사이에 구독자 1만이 가장 많이 나온 것으로 보아 꾸준히 잘 버티기만 해도 희망적이라 할 수 있겠다.

Q "유튜브 크리에이터를 꿈꾸는
사람들이 많아지고 있는데,
그들이 꼭 준비해야 할 게 있다면?"

 강민형

정보의 출처와 경험의 배경이 명확한 강사 혹은 크리에이터에게 교육을 듣기를 추천한다. 추측은 추측이라고, 예상은 예상이라고 솔직히 밝히는 크리에이터가 도움이 된다. 실제로 한번 잘못된 내용을 습득하면 고치는 데 시간이 오래 걸린다. 믿을 수 있는 정보를 제공하는 교육자인지, 교육 프로그램인지 확인하는 것이 가장 중요하다.

박현우

자신의 장르와 일치하는 크리에이터의 교육이 도움이 된다. 중요한 것
은 크리에이터가 교육을 하는 중에도 채널을 유지해야 한다는 점이다.
유튜브는 정말 자주 변화하는 플랫폼이므로 유튜브의 변화에 주목하는
가장 쉬운 방법은 채널을 운영하는 것이다. 채널을 운영하는 사람에게
배우면 가장 최신의 정보를 알 수 있다.

Q
"수익이 높은
유튜브 장르는 무엇인가요?"

A
강민형

같은 구독자 수에, 비슷한 조회수를 보유해도 광고 수익은 천차만별이
다. 그 외적인 유튜브 수입까지 계산한다면 특정 장르가 돈을 많이 번
다고 이야기하기 어렵다. 하지만 단순하게 수익이 높은 유튜브 장르라
고 한다면, 광고 단가가 높을 것으로 예상되는 장르가 있기는 하다. 게
임, IT, 자동차, 경제 등은 일상 콘텐츠에 비해 광고 단가가 높을 가능성
이 있다. 따라서 수익이 높은 장르가 될 수도 있겠다. 하지만 어디까지
나 추측이라는 점을 기억하자.

박현우

내가 하는 장르가 가장 수익이 높은 장르라고 여기고 뛰어들어라. 알다
시피, 광고 수익이 아니더라도 유튜브로 돈을 벌 수 있는 방법은 다양

하다. 광고 수익 외에 다른 수익을 나의 장르에서 최대로 벌 수 있다고 생각하고, 목표를 정하자. 유튜브 하나만 바라보지 말고 파이프라인을 여러 개 두자. 그게 또 요즘 트렌드 아닌가.

"크리에이터를 준비하는 이들에게 해주고 싶은 말이 있다면?"

A

유튜브랩도 처음부터 완벽하지는 않았다. 다른 채널과 마찬가지로 시행착오를 거듭하며 정체성을 찾아나갔다. 채널을 시작했을 때는 유튜브에 대한 정보를 얻고자 하는 사람이 채널의 타깃이지만 시간이 지나면서 핵심 타깃 시청자를 좀 더 좁힐 필요가 있었다. 그래서 첫 번째로 꼽은 타깃은 10대들이었다. 2017년에는 10대들의 유튜브 시청이 두드러졌기 때문에 유튜브를 하고자 하는 청소년들이 많을 것으로 보았다. 특히 유튜브 활동은 자신을 표현하는 능력이 요구되기에 학교에서 글쓰기나 미술, 음악, 춤을 배우는 것처럼 유튜브를 배울 필요가 있다고 생각했다.

그 후 얼마 지나지 않아 18세부터 24세의 시청 비율이 높아지더니 25세에서 34세의 시청 비율도 덩달아 올라갔다. 그리고 그보다 높은 연령들도 많이 유입되기 시작했다. 연령과 상관없이 초보 유튜브 크리에이터들이 반응을 보인 것이다. 유튜브랩처럼 시작이 막막했던 사람, 채널의 방향을 정하는 데 애를 먹었던 사람들이 구독을 하면서 유튜브 시작한 지 4개월 만에 구독자 1,000명을 넘겼다. 적은 숫자처럼 보이지만 당시에는 유튜브를 하고 싶어 하는 사람이 1,000명이나 된다는 사실이 신기하기만 했다.

구독자가 늘어나면서 이제 막 시작하는 크리에이터들의 공통적인 고민도 파악할 수 있었다. 이를테면 혼자서 창작하는 유튜브 크리에이터의 특성상 루머에 취약하다는 점이나, 프로필 사진, 채널 아트 하나 변경하고 바로 적용이 되지 않으면 행여나 오류가 생겼을까 봐 전전긍긍한다는 점 등이 그랬다. 블로그를 경험한 경험이 있는 사람들은 더 예민하다. 뭔가 실수를 하면 블로그처럼 채널 지수가 내려간다고 생각한다. 이런 고민들 대부분이 제대로 된 정보만 알고 있으면 충분히 해결된다는 것을 경험으로 알고 있기에, 정확한 정보를 전달하면 크리에이터들이 마음 편하게 활동할 수 있을 것이라 판단했다. 그리고 이후부터 유튜브 채널 문제와 고민을 해결해주는 콘텐츠로 기획 방향을 잡았다. 대상만 좁힌 것이 아니라 콘텐츠의 방향도 좁게 잡은 것이다.

추구하는 방향이 뚜렷해지니 유튜브에서 유튜브 관련 고민을 검색하면 유튜브랩 영상이 노출되기 시작했다. 유튜브 관련 행사를 참석하면 다른 크리에이터들로부터 유튜브랩을 보면서 유튜브 채널을 키웠다는 말을 듣는데, 그럴 때마다 가슴 깊은 곳에서 고마움이 우러나온다. 크리에이터 활동을 하면 기획과 촬영, 편집 등의 과정을 홀로 하는 경우가 대부분이라, 그 어려운 과정을 다 이겨내고 성공하게 되면 "이건 다 내가 혼자 해낸 거야."라고 생각할 수도 있을 법한데 따뜻한 말을 전하니 감동할 수밖에 없다.

먼저 나를 알아봐주고, 게다가 같은 크리에이터라는 공통점을 지니고 있어 서로를 이해할 수 있는 사람들을 만날 수 있다는 것은 축복이다. 크리에이터들을 시청자로 둔 크리에이터라서 정말 행복하다. 그래서 크리에이터 양성 과정의 마지막 시간에는 늘 "이제 크리에이터 대 크리에이터로 만납시다."라는 말로 끝맺는다. 그러니 이 책을 읽고 있는 예비 크리에이터들에게도 이렇게 말해주고 싶다. 여러분, 이제 크리에이터 대 크리에이터로 다시 만납시다.

References

참고 문헌

1. 박병진, 유튜브에 푹 빠진 5060…3040보다 많이 본다, news1, 2019.09.10

2. 김위수, 한국 4050 세대 집어삼킨 유튜브…망사용료는 '글쎄', news1, 2018.05.22

3. 조성훈, [단독]폭증하는 유튜버들…국내 광고수입 유튜버 10만 육박, 머니투데이, 2020.12.24

4. 오경묵, 복귀한 먹방 유튜버 쯔양, 한 달 수익 최대 3억 5000만원, 조선일보, 2020.12.08

5. 한국인이 가장 오래 사용하는 앱, 와이즈앱/와이즈리테일, 2020.12.15

6. 이승렬, 이용관, 이상규, 『미래의 직업 프리랜서(I) :1인 미디어 콘텐츠 크리에이터』, 세종: 한국노동연구원, 2018.12.28, 56페이지,

7. Tara Walpert-Levy, Google Search data reveals how brands can help during the coronavirus pandemic, Think with Google, 2020.04

8. 공성윤, 유튜브 '먹통'에 디지털 일상 마비됐다, 시사저널, 2020.11.24

9. 2019년 인구주택총조사, 통계청, 2020. 08.28

10. Junga Jang, 소비자 인사이트 : 동영상 매체와 라이프 솔루션, Think with Google, 2018.10

11. 브이로그 컨텐츠 선호도, 알바몬/잡코리아, 2020년

12. 2019년 한국미디어패널조사, 정보통신정책연구원, 2020.01.15, 4페이지

13. 인터넷이용 실태조사, 과학기술정보통신부, 한국인터넷진흥원, 2018년, 2019년

14. 취향이 중요한 시대, 일상생활 전반에 걸쳐 '개인의 취향'을 내세우는 소비자들, 트렌드모니터, 2019.08.26

15. Kevin Roose, YouTube's Product Chief on Online Radicalization and Algorithmic Rabbit Holes, The New York Times, 2019.03.29

16. 람야 세두라만Ramya Sethuraman 인터뷰, 지디넷코리아, 2019.05

17. 2019년 생활시간조사 결과, 통계청, 2020.07.30

18. 생활 시간 조사, 통계청, 2019년

19. 2019 국민 독서 실태 조사, 문화체육관광부, 2020.02

20. 2019 언론 수용자 조사, 한국언론진흥재단, 2019.12

21. 2019 방송매체 이용 행태 조사, 방송통신위원회, 2019.12

22. 차현아, 2018년 한국 유튜브 이용자가 가장 많이 본 영상은, IT Chosun, 2018.12.06

23. KBS 혁신프로젝트 끝까지 깐다, KBS, 2018. 04.10

24. 2020년도 방송 시장 경쟁 상황 평가, 방송통신위원회, 2020.12

25. 정혜진, "네이버보다 유튜브" 50대 이상 비중 높아지는 유튜브 왜?, 서울경제, 2021.02.23

26. 2020 인터넷 이용자 조사, 나스미디어, 2020.01. 21

27. 2019 타겟오디언스 리포트 20대, 메조미디어, 2019년

28. 이정현, 불안한 청년들... 누가 20대를 아름답다고 했나?, 보건복지부 국립정신건강센터 고객참여, 2020.01.06

29. 2020 인터넷 이용자 조사, 나스미디어, 2020.01. 21페이지

30. 2019 소비자 행태 조사 보고서, 한국방송광고진흥공사, 2019.12

31. 2019 타겟오디언스 리포트 30대, 메조미디어, 2019.12

32. 박진우, '코로나 집콕' 30·40대로 미어터진다…온라인 '취미 플랫폼', 한국경제, 2020.04.11

33. 이유진, `YouTube' 너, 딱 우리 스타일이야…5060·7080세대, 유튜브에 푹 빠지다, 경향신문, 2018.08.07

34. 2019 타겟 오디언스 리포트 10대, 메조미디어, 2019.12. 17페이지

References

35. Think with Google, 2021년 세대별 소비자분석 2, 2021.01

36. 최진실, "전국민 배려"…임영웅, 음방 자막크기도 바꾼 '트로트 파워'[SS이슈], 스포츠서울, 2020.04.14

37. 박기묵&김나연, [팩트체크]후원금으로 현금 쓸어가는 유튜버들, 세금은 얼마나 낼까?, 노컷뉴스, 2019.01.11

38. 스티븐 데닝, 『애자일, 민첩하고 유연한 조직의 비밀』, 어크로스, 2019년

39. 콘텐츠 트렌드 리포트, 오픈서베이, 2020년

40. 양성희, [양성희의 시시각각] 알고리즘이 만드는 세상, 중앙일보, 2020.09.30

41. 강민형, 『유튜브 기록장』, 심야책방, 2020년

42. 「미래의 직업 프리랜서」 보고서, 한국노동연구원/한국문화관광연구원 , 2019.08

43. 곽창렬, 유튜버 절반이 月150만원 못 벌어, 전업자는 평균 536만원, 조선일보, 2019.08.08

44. 김보연, "상위 1% 유튜버, 연간 6.7억 벌어…절반은 108만원"…소득 격차 '뚜렷', 조선비즈, 2021.02.14

45. 이유리, 국세청, 유튜버·SNS마켓·숙박공유 등 업종코드 신설, Daily NTN, 2019.09.06

46. 김주완, [단독] 광고로 돈버는 韓유튜버 5만명…月 700만원 이상은 6.8% 그쳐, 한국경제, 2020.08.11

47. 유튜버 도전 의향, 사람인, 2019년

48. 2020년 초·중등 진로 교육 현황조사, 교육부&한국직업능력개발원, 2021.02.23

49. 김중진, 한국직업사전 통합본 제5판, 한국고용정보원, 2020.05.28

50. 초중등 진로 교육 현황, 교육부와 한국직업능력개발원, 2020년

51. 콘텐츠 트렌드 리포트 2020, 오픈서베이, 2020.08

52. Gina Shalavi, 팬데믹 상황 속 동영상 트렌드를 통해 보는 소비자 욕구, Think with Google, 2020.10

53. 당신의 문해력 5부 디지털 시대, 굳이 읽어야 하나요?, EBSCulture(EBS교양), 2021. 03.30

54. 류시화, 『새는 날아가면서 뒤돌아보지 않는다』, 더숲, 2017

KI신서 9752

당신의 유튜브를 컨설팅해드립니다

1판 1쇄 인쇄 2021년 7월 1일
1판 1쇄 발행 2021년 7월 8일

지은이 유튜브랩(강민형)
펴낸이 김영곤
펴낸곳 (주)북이십일 21세기북스

출판사업부문 이사 정지은
출판사업본부장 이남경
뉴미디어사업1팀장 이지혜 뉴미디어사업1팀 강문형 이지연
디자인 엘리펀트스위밍
영업팀 김수현 최명열
마케팅팀 배상현 김신우 한경화 이나영
제작팀 이영민 권경민

출판등록 2000년 5월 6일 제406-2003-061호
주소 (10881) 경기도 파주시 회동길 201 (문발동)
대표전화 031-955-2100 팩스 031-955-2151 이메일 book21@book21.co.kr

© 유튜브랩, 2021
ISBN 9752 978-89-509-9595-9 13320